Tabitha Koch

Komm heraus aus ihr, mein Volk!

AF289367

Tabitha Koch

Komm heraus aus ihr, mein Volk!

Bibelzitate wurden, soweit nicht anders angegeben, der Luther Übersetzung (LÜ) 1984 Deutsche Bibelgesellschaft Stuttgart, oder der Revidierten Elberfelder Übersetzung (EÜ) 1985/1991, R. Brockhaus Verlag, Wuppertal entnommen.

Nicht Kursives in Klammern und fettgedruckte Hervorhebungen innerhalb der Bibelzitate wurden in den meisten Fällen von der Autorin erklärend hinzugefügt und gehören nicht zum Bibelzitat.

Eine weitere Übersetzung, die die Autorin in diesem Buch verwendet hat, ist: Die vierundzwanzig Bücher der Heiligen Schrift nach dem masoretischen Text, übersetzt von Leopold Zunz, Sinai Verlag, Tel-Aviv, Israel.

Bibliografische Information der Deutschen Nationalbibliothek: Die Deutsche Nationalbibliothek verzeichnet diese Publikation in der Deutschen Nationalbibliografie; detaillierte bibliografische Daten sind im Internet über dnb.dnb.de abrufbar.

Die automatisierte Analyse des Werkes, um daraus Informationen insbesondere über Muster, Trends und Korrelationen gemäß §44b UrhG (»Text und Data Mining«) zu gewinnen, ist untersagt.

Lektorat & Korrektorat: BoD
Satz & Umschlaggestaltung: BoD
Grafik: breakermaximus/ Shutterstock.com
Verlag: BoD · Books on Demand GmbH, In de Tarpen 42, 22848 Norderstedt, bod@bod.de
Druck: Libri Plureos GmbH, Friedensallee 273, 22763 Hamburg

ISBN: 978-3-7597-5699-2

Inhalt

Glossar   7

Vorwort   9

Prolog   13

Kapitel 1: Hinausgehen   16

Kapitel 2: Stagnation   20

Kapitel 3: Haus – Brot – Wasser   29

Kapitel 4: Fettnäpfchen?   41

Kapitel 5: Wahl   44

Kapitel 6: Bild   55

Kapitel 7: Götzen   65

Kapitel 8: Bedeckungen   84

Kapital 9: Sicherheit   99

Epilog   113

Glossar

Adonai
mein Herr (auch für unser Herr)

Al Pani
auf (vor) mein Gesicht (gesetzt)

Chag
ein biblisches Fest oder ein Festtag wie Pessach, Schawuot oder
Sukkot

Elohim
Gott, der Schöpfer – so bezeichnet im 1. Buch Mose

Jeschua
der hebräische Name von Jesus; Errettung

JHWH
das Tetragrammaton oder der Vier-Buchstaben-Name Gottes: in
Hebräisch Jud, Heh, Waw, Heh. Der HERR, Jaweh. Die Autorin
benutzt den Vier-Buchstaben-Namen JHWH, um den göttlichen
Namen wiederzugeben.

Moedim
weist hin auf bestimmte Zeiten und zeitlich festgelegte Feste
Israels, wie: Passa (Pessach), ungesäuerte Brote (Chag HaMatza),
Erstlingsfrüchte (Jom HaBikkurim), Wochenfest (Schawuot),
Posaunenfest (Jom Teruah), Versöhnungsfest (Jom HaKippurim),
Laubhüttenfest (Sukkot).

Nissan
der 1. Monat des biblischen Kalenders; fällt gewöhnlich in die
gregorianischen Monate April oder Mai.

Der Rote
Esau oder Edom; unter Rom versteht man die Nachkommen Esaus.

Ruach
Geist, Wind

Ruach HaKodesch
Heiliger Geist oder heiliger Wind

Teschuwa
wörtlich umkehren, zurückkehren; das Wort wird gebraucht, um das Konzept der Buße zu beschreiben; es beschreibt im Wesentlichen eine Umkehr, eine Hinwendung zu Gott und zu Seinen Wegen.

Torah
die Fünf Bücher Mose; in Griechisch auch Pentateuch genannt. Das Wort wird auch für die ganze Schrift (AT und NT) gebraucht.

Vorwort

Die Aufforderung Elohims „Komm heraus aus ihr, mein Volk!" aus Offenbarung 18,4 ist ein facettenreiches Thema. Der Einstieg in dieses Buch von Tabitha Koch, das Sie gerade in Händen halten, oder anders formuliert, der Ausstieg aus den Systemen Babylons beginnt mit einem Schrei um Hilfe.

Zunächst hören wir den immer lauter werdenden Schrei des Bartimäus. Er wollte aus seiner Dunkelheit herauskommen und ins Licht treten. Er wollte sehend werden und bat den Sohn Davids, sich seiner zu erbarmen. In Analogie zu Bartimäus weckt Tabitha Koch in unserer Seele und in unserem Geist das Verlangen, um Hilfe zu schreien, damit Jeschua uns aus der Dunkelheit der babylonischen Systeme führe und uns in das Licht Seines Reiches stelle.

Dieser Kampf, um die babylonischen Systeme verlassen zu können, beginnt in der Intimität der Beziehung mit Jeschua und in der Entfachung der Gaben des Ruach HaKodesch, die in ein gereinigtes und heiliges Leben hineingegeben werden. So kann beispielsweise die Gabe der Heilung uns helfen, vom System der Pharmakaia unabhängig zu werden.

Auf unserem Weg heraus aus den babylonischen Systemen ist es wichtig, die Gabe der Geisterunterscheidung zu haben, Elohim gegenüber gehorsam zu sein und nicht in der Vermischung in religiösen Systemen zu leben. Interessanterweise bedeutet der hebräische Name Babel für Babylon, angelehnt an balal, „überfließen, vermischen, verwirren". Und die Strategie des Feindes ist es, Verwirrung durch Vermischung zu bringen.

Das Herauskommen aus den babylonischen Systemen ist sicherlich ein Prozess. An einem persönlichen Beispiel macht Tabitha Koch deutlich, dass der Herr treu ist und uns auch immer wieder auf den rechten Weg führt, wenn wir in Versuchung geraten, zurück in die Systeme Babylons zu fallen.

Wir werden immer wieder vor die Wahl gestellt, wem oder besser gesagt, welchem Elohim wir dienen wollen. Und ein Herausgehen aus den babylonischen Systemen ist nur aufgrund einer absoluten Hinwendung zu Elohim und gleichzeitiger Abwendung von Götzen möglich. Wir müssen wissen, dass so wie Elohim uns aus Babylon herausruft, so versucht der Feind, uns aus den Wegen Jahs, aus dem Glauben, aus dem Vertrauen und aus Seinem Wort herauszurufen und macht uns dabei falsche Versprechungen. Und diesen unerbittlichen Kampf in unserer Seele und in unserem Geist können wir nur in Jeschua gewinnen, wenn wir uns Ihm bedingungslos ausliefern und uns mit Seiner Torah füllen.

Babylon ist nicht nur ein Ort, sondern auch der antichristliche Geist, der alle Systeme durchdringt. Aber um die Zusammenhänge zur jetzigen Zeit zu verstehen, geht die Autorin in einem historischen Rückblick weit zurück in der Geschichte. Er beginnt vor über 2.500 Jahren im alten Babylon mit König Nebukadnezar. Er träumte von den vier heidnischen Königreichen – Babylon, Medo-Persien, Griechenland, Rom –, von denen das letzte bis in unsere Zeit hineinreicht und bei der Wiederkunft Jeschuas letztendlich zerschlagen wird.

Dann wendet sie sich dem Zukünftigen zu, dem Bild des Tieres aus der Offenbarung. Johannes beschreibt dort in Kapitel 13, wie er zwei Tiere heraufkommen sah; das eine aus dem Meer, das andere aus der Erde.

Dieses vielschichtige Thema „Komm heraus aus ihr, mein Volk!" kann durch viele Facetten betrachtet werden. Aber es geht Tabitha Koch in ihrer Ausarbeitung in erster Linie um unseren persönlichen Wandel und um unseren Umgang mit diesem antichristlichen Geist, der auf allen Ebenen gegen Elohims Pläne rebelliert. Anschaulich wählt sie biblische Gestalten wie beispielsweise den König Jerobeam und den Mann Gottes, König Hiskia und den König von Assyrien aus, um an ihrem Wandel, an ihrem Gehorsam und Ungehorsam, an ihrer Treue und Untreue die Konsequenzen aufzuzeigen.

Sicherlich ist es der einzigartigen Führung des Ruach HaKodesch (des Heiligen Geistes) beim Schreiben des Buches zu verdanken, dass dieses Vor-Augen-Führen der Konsequenzen eine ungeheure Wirkung, eine Tiefenwirkung, auf den Leser hat. Ich hatte beim Lesen durchgängig den Eindruck, vor Elohim zu stehen und durch Seine Augen betrachtet zu werden.

So wie das Buch uns zu Beginn in die Intimität mit Jeschua geführt hat, so fordert es uns am Ende auf, mit Seiner Hilfe die Dinge dieser babylonischen Systeme im Vertrauen auf Ihn allein zu überwinden.

Hildegard Schneider
Leiterin von worldwidewings

Prolog

Markus 10,46-52

46 Und sie kamen nach Jericho. Und als er aus Jericho wegging, er und seine Jünger und eine große Menge, da saß ein blinder Bettler am Wege, Bartimäus, der Sohn des Timäus.

47 Und als er hörte, dass es Jesus von Nazareth war, fing er an, zu schreien und zu sagen: Jesus, du Sohn Davids, erbarme dich meiner!

48 Und viele fuhren ihn an, er solle stillschweigen. Er aber schrie noch viel mehr. Du Sohn Davids, erbarme dich meiner!

49 Und Jesus blieb stehen und sprach: Ruft ihn her! Und sie riefen den Blinden und sprachen zu ihm: Sei getrost, steh auf! Er ruft dich!

50 Da warf er seinen Mantel von sich, sprang auf und kam zu Jesus.

51 Und Jesus antwortete und sprach zu ihm: Was willst du, dass ich für dich tun soll? Der Blinde sprach zu ihm: Rabbuni, dass ich sehend werde.

52 Jesus aber sprach zu ihm: Geh hin, dein Glaube hat dir geholfen. Und sogleich wurde er sehend und folgte ihm nach auf dem Wege.

Im Buch der Offenbarung (Kap. 18,4) wird das Volk Gottes aufgefordert, aus Babylon hinauszugehen. In diesem meinem Buch dreht sich alles um dieses Hinausgehen. Das ist das Thema. Und ich stelle die Geschichte von Bartimäus über dieses Thema, weil sie in äußerst kurzer und prägnanter Weise genau das deutlich macht.

Wir alle kennen die Geschichte von Bartimäus. Aber was will sie uns sagen? Um was geht es hier? Diese Geschichte zeigt uns, was wir in dieser letzten Zeit – also jetzt, hier und heute – hinter uns lassen und zu wem wir kommen sollen. Des Weiteren zeigt uns diese Geschichte auch eine Vorgehensweise, um hinauszugehen.

Als Allererstes müssen wir lernen, wie Bartimäus mit Beharrlichkeit zum Herrn zu schreien und nicht nur still vor uns hin zu beten. In Psalm 130,1 lesen wir: „Aus der Tiefe schreie ich, Herr, zu dir." Und in Psalm 42,8 sehen wir, dass die Tiefe der Tiefe ruft. Diese beiden Verse machen deutlich, wie wichtig es ist, aus der Tiefe unseres Geistes heraus zu Gott zu schreien und nicht – wie wir das doch leider so gewohnt sind – aus unserem Verstand. Ich bin mir sicher, dass Jeschua gespürt hat, dass Bartimäus aus der Tiefe seines Geistes zu ihm schrie, denn Bartimäus rief aus Glauben heraus, und Glauben haben wir nur in unserem Geist. Bartimäus war sich ganz sicher, dass Jeschua ihm helfen konnte und auch helfen würde. Und deshalb hält Jeschua auf Seinem Weg schließlich auch an und lässt Bartimäus zu sich rufen.

Da warf er seinen Mantel von sich, sprang auf und kam zu Jesus.

Wenn wir im und aus dem Glauben zu Jeschua schreien, wird Er uns hören und uns in Seine Gegenwart rufen. Als Bartimäus aufgefordert wird, zu Jeschua zu kommen, wirft er seinen Mantel ab, springt auf und rennt zu Jeschua. Zur damaligen Zeit trugen Blinde einen besonderen Mantel, der sie als blind kennzeichnete, einen Blindenmantel. Die Schrift spricht von verschiedenen Mänteln. Entweder bezeichnet sie den Mantel als das, was er ist (z. B. Priestermantel), oder wir erkennen den Mantel aus dem Inhalt der Geschichte, in der er vorkommt, wie hier bei Bartimäus (Blindenmantel).

In der Schrift finden wir noch weitere Mäntel, wie z. B. den prophetischen Mantel (Ahijas Mantel – 1. Könige 11,29; Elias Mantel – 2. Könige 2; Elias Mantel ist gleichzeitig auch ein Wunder wirkender Mantel), den Mantel der Gerechtigkeit (Jesaja 61,10), den Mantel der Königsherrschaft (Purpurmantel – Markus 15,16–17) oder auch den babylonischen Mantel (Josua 7,21).

Und auch in diesem Zusammenhang sehen wir wieder, dass es zu allem, was uns in der Schrift gezeigt wird, immer auch ein Gegenstück gibt. Es gibt somit gute und schlechte Mäntel, Mäntel des Heiligen Geistes und Mäntel der bösen Geister. Wobei ein nach

Gottes Meinung schlechter Mantel gleichzeitig auch ein äußerst schöner und verführerischer Mantel sein kann. Das erinnert an die beiden Bäume im Garten. Es ist eben nicht alles Gold, was glänzt.

Wenn wir nun aus Babylon herauskommen wollen, wenn wir Babylon verlassen wollen, müssen wir die verschiedenen Mäntel, die wir möglicherweise noch tragen, auseinanderhalten können, damit wir diejenigen Mäntel, die schlecht sind, ablegen – auch wenn sie glänzen wie Gold. Und hier stellt sich uns die Frage: Wie legen wir sie denn ab? Bartimäus gibt uns ein Beispiel dafür. Als er von Jeschua hört, fängt er sofort erst einmal an zu schreien. Und er schreit so lange, bis er gehört wird. Schreien wir also wie Bartimäus so lange zu Jeschua, bis Er uns ruft. Als Antwort auf Sein Rufen werfen wir dann einen schlechten Mantel einfach ab. Und indem wir ihn abwerfen, erfahren wir Auferstehung, so dass wir aufspringen können. Wir springen auf, kommen heraus aus aller Lethargie und rennen zu Ihm, um einen neuen Mantel von Jeschua zu empfangen, damit wir fortan in diesem Mantel gekleidet sind.

Herauskommen bedeutet nicht, dass man ins Leere geht. Es heißt vielmehr, etwas Neues zu empfangen. Strecken wir uns doch danach aus. Doch dafür müssen wir unsere Hände frei haben.

Lassen wir das Gesagte jetzt auf uns wirken und gehen wir mit dieser Sicht daran, herauszufinden, wie wir aus Babylon hinausgehen bzw. herauskommen können.

Kapitel 1
Hinausgehen

Und ich hörte eine andere Stimme vom Himmel, die sprach: Geht hinaus aus ihr, mein Volk, dass ihr nicht teilhabt an ihren Sünden und nichts empfangt von ihren Plagen!

In Offenbarung 18,4 werden wir aufgefordert, aus Babylon hinauszugehen. Die Frage ist jetzt: Was ist Babylon und wie gehe ich aus Babylon hinaus. Babylon und der König von Babylon haben ein ganz bestimmtes Ziel, auf das sie hinarbeiten. Und Teil dieses Ziels sind Menschenseelen. Das wird in Vers 13 von Offenbarung 18 ganz deutlich.

11 ... ihre Ware ...

12 Gold und Silber und Edelsteine und Perlen und feines Leinen und Purpur und Seide und Scharlach und allerlei wohlriechende Hölzer und allerlei Gerät aus Elfenbein und allerlei Gerät aus kostbarem Holz und Erz und Eisen und Marmor

13 und Zimt und Balsam und Räucherwerk und Myrrhe und Weihrauch und Wein und Öl und feinstes Mehl und Weizen und Vieh und Schafe und Pferde und Wagen und Leiber und **Seelen von Menschen.**

Die Ware, auf die Babylon es abgesehen hat, sind letzten Endes Menschenseelen, worin die babylonische Gier nach Macht zum Ausdruck kommt. Mittels solcher Macht möchte der König von Babylon die Seelen der Menschen durch wirtschaftliche Systeme unter seine Kontrolle bringen.

In Offenbarung 18 sehen wir, womit Babylon Handel treibt. Und wir sehen auch, was am Ende der Handelskette steht, nämlich Menschenseelen. Menschenseelen, die Babylon durch diesen Handel in Beschlag genommen hat und immer noch in Beschlag nimmt. Der König von Babylon herrscht, wenn diese Menschen ihren Verstand, ihren Willen und ihr Gefühl – darin besteht die Kraft ihrer Seele – nicht der Autorität des Heiligen Geistes unterordnen. Und in diesem Fall beten sie dann den gefallenen Engel (Stern) an und nicht Jeschua, den Morgenstern, der – wie Petrus es sagt – in ihren Herzen aufgehen soll.

Diesen ausgeklügelten wirtschaftlichen Handel aus Offenbarung 18 finden wir in all den Systemen Babylons wieder.

Aus Babylon hinauszugehen, heißt somit, aus ihren Systemen hinausgehen. Der König von Babylon hat seine Systeme zielsicher für jede Menschenseele passend eingerichtet und eingeteilt.

Die Systeme Babylons umfassen unter anderem folgende Systeme:

» Gesundheitssystem
» Finanzsystem
» Wirtschaftssystem (das Geheimnis Babylon)
» Militärsystem
» Regierungssystem
» Religiöses System
» Mediensystem
» usw.

Der König von Babylon ist darauf bedacht, seine Systeme immer weiter zu verbessern, um dadurch seine Macht als Gott oder König der Könige zu stärken.

Die Frage ist: Welches System kann ich wie lange noch in Weisheit in Anspruch nehmen? Es ist gut, jetzt schon damit anzufangen, sich nach und nach aus den babylonischen Systemen herauszunehmen.

Babylon ist ein Gefängnis, eine Behausung der Teufel, der unreinen Vögel, der verhassten Tiere.

In Offenbarung 18,6–8 heißt es:

> 6 Bezahlt ihr, wie sie bezahlt hat, und gebt ihr zweifach zurück nach ihren Werken! Und in den Kelch, in den sie euch eingeschenkt hat, schenkt ihr zweifach ein!

> 7 Wie viel Herrlichkeit und Üppigkeit sie gehabt hat, so viel Qual und Leid schenkt ihr ein! Denn sie spricht in ihrem Herzen: Ich throne hier und bin eine Königin und bin keine Witwe, und Leid werde ich nicht sehen.

> 8 Darum werden ihre Plagen an einem Tag kommen, Tod, Leid und Hunger, und mit Feuer (große Hitze) wird sie verbrannt werden; denn stark ist Gott der Herr, der sie richtet.

Wie soll man ihr vergelten? (Psalm 137,8; Jeremia 50,15.29). Mit Bedrängnis, zweifach nach ihren Werken, mit Qual und Leid, mit Tod, Leid und Hunger. Sehen wir das alles nicht schon?

Babylon und ihre fest etablierten Systeme werden vollkommen zerstört werden. Ihr wird vergolten, was sie uns angetan hat. Es liegt doch auf der Hand: Gott ist schon dabei, diese Systeme zu zerstören. Das Kommen des Herrn wird vorbereitet. Der Herr kommt aber nicht, um Sein Reich auf bestehende alte babylonische Systeme aufzubauen.

Wie gehe ich nun aus Babylon hinaus? Was wäre z. B. das – ich nenne es einmal – geistliche Gegenstück zu den Systemen, aus denen ich herauskommen soll?

Beim Lesen von 1. Korinther 12 ist es mir wie Schuppen von den Augen gefallen. In diesem Abschnitt geht es um die verschiedenen Gaben des Geistes. Für diese jetzige Zeit der Trübsal (wie natürlich auch für jede andere Zeit) und für das Herauskommen aus Babylon sind diese Gaben unerlässlich! In Johannes 14,12 sagt Jeschua: „Wer an mich glaubt (wer mir **vertraut**), der wird die Werke auch tun, die ich tue, und er wird noch größere als diese tun; denn ich gehe ... Und was ihr bitten werdet in meinem Namen, das will ich tun."

Was haben diese Gaben nun mit den Systemen zu tun? Sie stehen im Gegensatz zu ihnen, sie sind sozusagen die Alternative, wenn ich das einmal so ausdrücken darf. Wenn ich z. B. die Gabe habe, gesund zu machen, muss ich das Gesundheitssystem nicht mehr in Anspruch nehmen. Das habe ich jetzt mal einfach ganz menschlich ausgedrückt. Dabei dürfen wir aber niemals vergessen, dass es vor allem darum geht, worauf oder auf **wen** ich mein Vertrauen setze. Oder wenn ich die Gabe habe, Wunder zu tun, dann brauche ich, wenn eine Hungersnot kommt – und die wird kommen! – das Wirtschaftssystem für einen Einkauf im Supermarkt nicht mehr in Anspruch zu nehmen, weil ich aufgrund dieser Gabe Brot vermehren kann wie der Herr.

Ist es vermessen, um diese Gaben zu bitten, um aus den Systemen herauskommen zu können? Oder bleiben diese Systeme ein Gefängnis für uns? Oder umgekehrt: Ich gehe zuerst im Glauben hinaus aus einem bestimmten System, sagen wir dem Gesundheitssystem, bitte aber gleichzeitig auch um die entsprechende Gabe, gesund zu machen.

Aber darf ich um diese Gaben bitten? Was würde dem im Wege stehen? Wie strecke ich mich aus nach dieser Gabe, gesund zu machen? Was ist meine Motivation? Meine Motivation: Ich möchte ganz aus dem Gesundheitssystem – und nach und nach auch aus allen anderen babylonischen Systemen – aussteigen, und zwar deshalb, weil Gott gesagt hat, dass ich herauskommen soll. Genügt das?

Dieses erste Kapitel soll uns in erster Linie zum Gebet rufen, in die Gemeinschaft mit Elohim, unserem Gott. Aus dieser engen Gemeinschaft ergibt sich dann alles Weitere. Fange also an, für ein Herauskommen aus den Systemen zu beten. Fange an, dein Vertrauen ganz auf Jeschua zu setzen. Bitte Ihn, dass Er dir zeigt, wie du mit den Systemen umgehen sollst. Bitte Ihn darum, dass Er dir Seinen Willen zeigt. Und rufe zu Ihm aus der Tiefe deines Geistes. Flehe um die Ausgießung Seines Geistes auf alles Fleisch. Was immer wir auch tun, muss aus dem Geist getan sein, nur dann bringt es auch Frucht.

Kapitel 2
Stagnation

Gott selbst gibt vor, dass wir aus Babylon herauskommen, weil Er dabei ist, Babylon zu zerstören; und wir sollen nicht an ihren Sünden teilhaben noch von ihren Plagen empfangen. Babylon samt allen fest etablierten Systemen wird völlig zerstört werden. Halleluja! Kannst auch du dazu „Halleluja" sagen? Überlege deine Antwort gut. Weil Gott uns liebt und wir Seine Braut sind, die Er zubereiten will, möchte Er nicht, dass wir zusammen mit Babylon bestraft werden. Deshalb warnt Er uns – aus Liebe zu Seiner Braut!

Der Feind hat es (scheinbar) geschafft, unser Leben in dieser Welt an die Systeme Babylons zu **ketten**. Dieses Wort „ketten" führt mir ein Bild von einer starken eisernen und nicht lösbaren Kette vor Augen. Die Schrift vergleicht die Systeme mit einem Gefängnis. Was öffnet die Tür, was sprengt die Kette, was befreit aus diesen Gefängnissen? Was löst diese unsagbar starken Ketten an diese Gefängnisse und Behausungen der Teufel, der unreinen Vögel und der verhassten Tiere (Offenbarung 18,2)?

Was?

Wir wurden unserer Freiheit beraubt und sitzen, mit eisernen Ketten angekettet, in den Gefängnissen dieser babylonischen Systeme. Der Feind hat es geschafft, uns diese Systeme als eine Lebensnotwendigkeit zu verkaufen. Sie sind aus unserem Leben nicht mehr wegzudenken. Wir sind vollkommen in sie verwickelt, mit ihnen verwoben – und das hinsichtlich **allem, absolut allem**, was unser Leben in dieser Welt ausmacht.

Diese babylonischen Systeme sind für uns wie ein Moor. Wir dachten, wir springen zum Schwimmen in einen See, ohne zu bemerken, dass wir in Wirklichkeit in ein Moor geraten waren, in dem wir nun zu versinken drohen, ohne auch nur das Geringste tun zu können, um wieder herauszukommen. Ohne Hilfe wird uns dieses Moor verschlingen.

Der Feind hat Gottes Plan für uns Menschen völlig umgemodelt, und das so subtil, dass wir es nicht gemerkt haben. <u>Wir</u> nennen es Fortschritt. Deshalb kann uns jetzt nur noch der Geist frei machen.

In Zephanja 1,12–18, wo es um den Tag des Zornes Gottes geht, heißt es (nach Zunz):

12 Und es wird geschehen zur selbigen Zeit, daß ich durchsuche Jeruschalajim mit Lichtern (Lampen – spielt an auf den siebenfachen Geist aus Jesaja 11,1–2) und ahnde an den Menschen, die erstarrt liegen auf ihren Hefen (die im Geist stagnieren), die in ihrem Herzen sprechen: Nicht tut der Ewige Gutes und nicht tut er Böses.

13 Und ihr Vermögen soll zur Plünderung werden, und ihre Häuser zur Öde, und sie werden Häuser bauen und sie nicht bewohnen, und Weinberge pflanzen, aber nicht trinken ihren Wein.

14 Nahe ist der Tag des Ewigen, der große; nahe und eilet sehr. Es erschallet der Tag des Ewigen, wildes Kriegsgeschrei erhebet dort der Held.

15 Ein Tag des Zornes ist selbiger Tag, ein Tag der Not und der Drangsal, ein Tag des Grausens und Entsetzens, ein Tag der Finsternis und der Dunkelheit, ein Tag des Gewölks und des Wetterdüsters.

16 Ein Tag der Posaune und des Kriegslärms über die festen Städte und über die hohen Zinnen.

17 Und ich werde die Menschen bedrängen, daß sie dahingehen gleich Blinden; denn gegen den Ewigen haben sie gesündigt, und verschüttet werden soll ihr Blut wie Staub, und ihr Fleisch wie Kot.

18 Auch ihr Silber, auch ihr Gold wird sie nicht retten können am Tage des Grimmes des Ewigen, und durch das Feuer seines Eifers wird aufgezehrt das ganze Land, denn er vernichtet ganz plötzlich all die Bewohner des Landes.

Der Prophet Zephanja spricht von einer Zeit, in der Gott Jerusalem – das Gericht fängt an am Haus Gottes – mit Lampen (ein Bild auf Gottes siebenfachen Geist) durchsucht, um die zu bestrafen, die sich dem Bösen hingegeben haben. Wir leben in einer Zeit, wo uns der Herr aufrüttelt, auf(er)weckt, erweckt, mit Lampen erleuchtet, damit wir zu dem zurückkehren, was Er – unser Elohim – für uns geplant hat. <u>Deshalb</u> müssen wir aus Babylon herauskommen. Von dieser Zeit lesen wir auch in der Offenbarung als von dem Tag des Zorns. Das Gericht beginnt bei Jerusalem. Und mit Jerusalem sind diejenigen gemeint, die zum Erbteil des Gottes Abrahams gehören, auch wir gehören dazu. Und dieser Abschnitt aus Zephanja spricht nun die an, die Gut und Böse <u>nicht</u> unterscheiden können.

Der siebenfache Geist Gottes, das ist der Heilige Geist mit den Aspekten Weisheit, Verstand, Rat, Kraft, Erkenntnis und Furcht des Herrn, ist hier im Buch Zephanja ein suchender Geist, der die Erde – angefangen bei Jerusalem – durchsucht, um die zu finden und zu bestrafen, *die erstarrt auf ihren Hefen liegen*, also jene, die **im Geist stagnieren**. Und dieses Gericht fängt an, wie oben schon gesagt, beim Haus Gottes (Jerusalem). Dieser Geist will uns aufrütteln, damit auch wir oder besser gesagt zuerst wir nicht länger im Geist stagnieren, denn demjenigen, der in seiner Stagnation verharrt, ist es unmöglich, aus den Systemen herauszukommen, sich von ihnen zu lösen. Er wird weiterhin an Silber und Gold und an allen anderen System-Götzen festhalten wollen.

Diese Systeme sind zu Götzen geworden, die von den Menschen angebetet werden, d. h. auf die sie (berechtigterweise?) ihr ganzes Vertrauen setzen. Denn was macht der Mensch, wenn er krank ist? Er geht zum Arzt. Was tut er, wenn er Hunger hat? Er geht einkaufen. Was macht er, wenn er Geld braucht? Er geht zur Bank.

Ich habe schon kurz die Alternative zu den Systemen Babylons angesprochen. Die Alternative steht ganz im Gegensatz zu diesen Systemen, oder nennen wir sie einmal provokativ System-Götzen. Die Alternative ist der Geist Gottes, insbesondere die Gaben des Geistes. Habe ich z. B. die Gabe, Wunder zu tun, muss ich nicht mehr zur Bank (Finanzsystem) gehen, um dann im Supermarkt (Wirtschaftssystem) einkaufen zu können, sondern mittels der Gabe tue ich ein Brot-Wunder. Hier ist also ein anderer Geist am Werk, ein Geist, der dem Geist der Systeme entgegensteht.

Als ich nun anfing, für diese Gaben zu beten, sprach der Herr ganz deutlich zu mir. Er erklärte mir, dass Er die Gaben des Geistes <u>nicht einfach so auf Nachfrage</u> gibt. Hallo! Es handelt sich um eine Gabe des **Geistes**. Der Geist ist etwas Heiliges, Göttliches, Reines. Um es einmal ganz drastisch auszudrücken: Niemand wirft Perlen vor die Säue. Du würdest deine Geheimnisse ja auch keinem Schwätzer anvertrauen, oder?

Wie wir schon in Zephanja gesehen haben, gab es dort in Jerusalem – und, ich betone, Jerusalem steht für das Volk Gottes – solche, die im Geist stagnierten. Die Frage ist: Wieso stagnierten sie? Weil sie auf falsche, tote Götter zählten, auf Silber, auf Gold und, und, und. Könnte es sein, dass sie möglicherweise ihr Vertrauen auf Gott auf die babylonischen Systeme verlagert hatten? Setzt du dein Vertrauen aber auf etwas anderes als auf Gott, ist der Geist sozusagen raus.

Psalm 33,16-19

16 Einem König hilft nicht seine große Macht; ein Held kann sich nicht retten durch seine große Kraft.

17 Rosse (Geld und Macht) helfen auch nicht; da wäre man betrogen; und ihre große Stärke errettet nicht.

18 Siehe, des Herrn Auge (Sein Geist) achtet auf alle, die ihn fürchten, die auf seine Güte hoffen,

19 dass er sie errette vom Tode und sie am Leben erhalte in Hungersnot.

Jesaja 30,18-22

18 Darum harrt der HERR darauf, dass er euch gnädig sei, und er macht sich auf, dass er sich euer erbarme; denn der HERR ist ein Gott des Rechts. Wohl allen, die auf ihn harren!

19 Du Volk Zions, das in Jerusalem wohnt, du wirst nicht weinen! Er wird dir gnädig sein, wenn du rufst. Er wird dir antworten, sobald er's hört.

20 Und der Herr wird euch in Trübsal Brot und in Ängsten Wasser geben. Und dein Lehrer (der siebenfache Geist) wird sich nicht mehr verbergen müssen, sondern deine Augen werden deinen Lehrer sehen.

21 Deine Ohren werden hinter dir das Wort hören: „Dies ist der Weg; den geht! Sonst weder zur Rechten noch zur Linken!"

22 Und ihr werdet entweihen eure übersilberten Götzen und die goldenen Hüllen eurer Bilder und werdet sie wegwerfen wie Unrat und zu ihnen sagen: Hinaus!

In diesen Abschnitten kommt deutlich zum Ausdruck, dass die Systeme sehr wohl große Macht und Kraft haben, dass sie aber letztendlich nicht erretten, nicht wirklich helfen können, weder bei Krankheit noch bei Hunger. Diese Systeme sind nichts anderes als übersilberte (scheinbar rettende) Götzen und goldene Hüllen (geben den Anschein göttlich zu sein, oder anders gesagt: erheben sich über Gott). Sie sind nur Hüllen ohne wahren Inhalt. Wir sollen sie wegwerfen wie Unrat: Hinaus! Ein Nebeneffekt, der ein Sich-Verlassen-auf-Götzen mit sich bringt, ist der, dass diese Götzen den Menschen verunreinigen. Und das ist vom Feind auch genauso beabsichtigt, weil uns das nämlich von unserem Gott trennt.

Gott ist heilig. Und wer sich danach sehnt, in Seiner Gegenwart zu leben, muss lernen, ein Leben in der Heiligung, ein geheiligtes Leben zu führen. Er muss lernen, zu unterscheiden, was heilig und was unheilig ist, was rein und was unrein ist (3. Mose 10,10). Oder anders ausgedrückt: Was ihn in Seine Gegenwart bringt oder was ihn von Gott trennt.

Auf was muss ich ganz spezifisch achten, um mich, nachdem ich mich gereinigt habe, auch reinzuhalten?

Ich muss achten

1. auf meine **Augen** – was schaue ich an? Bilder, Fernsehen usw., alles, was das Bild Jeschuas vernebelt, so dass ich in ein „anderes" Bild umgewandelt werde, in das nämlich, was ich anschaue, was mir Sünde suggeriert.
2. auf meine **Gedanken** – worüber denke ich nach? Was lass ich in mein Denken hinein?
3. auf meinen **Mund** – was sage oder rede ich? (Z. B. Fäkaliensprache, Lügen oder sonstige Unwahrheiten oder einfach nur faules Geschwätz)
4. auf meine **Hände**, also auf mein Tun und Lassen – handle ich dem Willen Gottes gemäß oder lebe ich in Sünde? Oder tue ich etwas nicht, was ich aber tun sollte?

In Jakobus 3,15–18 steht die Torheit der Weisheit gegenüber.

Torheit – von unten

Die Torheit ist irdisch, sinnlich, teuflisch, eifersüchtig, eigennützig, zerrüttet (chaotisch) und verübt jede schlechte Tat.

Weisheit – von oben

Die Weisheit ist rein, friedvoll, milde, folgsam (gehorsam), voller Barmherzigkeit und guter Früchte, unparteiisch, ungeheuchelt, sie stiftet Frieden.

Bete einmal über diese Eigenschaften.

Stelle die Reinheit wieder her, wenn du sie durch Sünde – bewusst oder unbewusst – verloren haben solltest. Reinige dich durch Buße von allen Eigenschaften der Torheit und ganz besonders von allem, was deine Augen geschaut, dein Denksinn gedacht, dein Mund gesprochen oder gegessen bzw. hineingenommen hat (z. B. Rauch), wenn es außerhalb des Willens Gottes war und es dir bewusst geworden ist. Und komme so aus allem heraus, was dem Geist entgegensteht, was ihn hat **stagnieren** lassen oder vielleicht immer noch stagnieren lässt. Wirf allen Unrat aus deinem

Herzen hinaus. Bete! Wo „klebst" du noch an Götzen und weißt es vielleicht gar nicht? Wo hältst du noch an deinem „Isaak" fest und bist nicht bereit, ihn zu opfern? Lass deine Seele nicht über deinen Geist herrschen, sondern komm aus deinem Seelenleben heraus, komm heraus aus jeglicher Stagnation und geh hinein in deinen Geist. Lass Jeschua in allem Herr sein. Nimm Seine Hilfe in Anspruch. Gib dein Seelenleben in den Tod und trinke den Geist (Johannes 7,37). Gib dich nach Römer 12,1–2 neu als Ganzopfer auf dem Altar hin.

Wir reinigen uns also von allen Götzen, geben unseren alten Menschen in den Tod und legen uns als Brandopfer/Ganzopfer auf den Altar. Das alles ist die Voraussetzung dafür, ein reines Leben führen zu können – ein Leben, in dem Jeschua der Herr ist (1. Korinther 12).

Mit dieser Reinigung und Heiligung als Grundlage kann ich nun zum Vater kommen und Ihn um verschiedene Gaben des Geistes bitten. Und diese Gaben dienen natürlich nicht nur mir allein, sondern sind zum Wohl aller (1. Korinther 12,7).

Aber auch hinsichtlich der Gaben bitte ich den Vater um einen oder mehrere Aspekte Seines Geistes. Dazu schauen wir uns nun eine kleine Gegenüberstellung an. Wir wollen sehen, welche Gaben mit welchen Aspekten des Geistes Gottes in Verbindung stehen.

1. Korinther 12	Jesaja 11,1–2
Worte der Weisheit	Geist der Weisheit
Worte der Erkenntnis	Geist der Erkenntnis
Glauben	Heiliger Geist (einschl. aller anderen Aspekte)
Gabe, gesund zu machen	Geist der Kraft
Gabe, Wunder zu tun	Geist der Kraft

1. Korinther 12	Jesaja 11,1–2
Weissagung	Geist des Rates, Geist der Weisheit
Geisterunterscheidung	Geist der Weisheit, Geist des Verstandes, Geist der Furcht des Herrn
Zungenrede	Geist der Kraft, Geist des Verstandes
Auslegung der Zungen	Geist des Verstandes

Natürlich haben wir mit dem Heiligen Geist auch alle anderen sechs Aspekte des Geistes aus Jesaja 11 in uns. Bei der Wiedergeburt kam der Heilige Geist mit allen sechs Aspekten als ein Same in uns hinein. Dieser Same muss jetzt wachsen und gedeihen, so wie im 1. Buch Mose alles als Same angelegt ist und sich durch die Schrift hindurch entwickelt, um im Buch der Offenbarung zur Reife zu gelangen. Heißt das, wir haben die geistlichen Gaben schon in uns? Ja! Aber nur als Samen, und diese Samen müssen jetzt wachsen, sie müssen aktiviert und gestärkt werden. Und wie geschieht das? Durch Gottes Wort und durch Gebet und Flehen. *Er muss wachsen, ich aber muss abnehmen* (Johannes 3,30). In 2. Mose 31,1–6 werden Bezalel und Oholiab genannt – Kunsthandwerker, die Gott **erfüllte** (zu einem vollen Maß brachte) mit dem Geist der Weisheit, des Verstandes und der Erkenntnis, um ganz spezielle Arbeiten an der Stiftshütte auszuführen. Gott verstärkte (oder füllte aus) diese Aspekte des Heiligen Geistes in ihnen, damit sie diese Arbeiten dem Willen Gottes gemäß ausführen konnten. So wie auch der Geist der Weisheit schon in Salomo war, Gott diesen Aspekt des Geistes in Salomo aber verstärkte, weil Salomo darum gebeten hatte. Salomo wünschte sich, das Volk durch die Weisheit in rechter Weise führen zu können. Beten wir daher um eine Verstärkung, um ein volles Maß der Aspekte des Geistes und ihrer entsprechenden Gaben in uns.

Fazit: Komm aus aller Stagnation heraus, reinige dich, gib dich hin, lebe in ständiger Heiligung, und fange an zu beten und zu flehen, dass der Geist oder ein bestimmter Aspekt des Geistes in dir verstärkt wird, bis du durch diesen verstärkten Aspekt des Geistes dann das tun kannst, womit Gott dich beauftragt (z. B. Hinausgehen aus den Systemen, Wunder tun, heilen usw.). Und höre nicht eher auf zu beten, bis du es empfangen hast, denn Es soll nicht durch Heer oder Kraft, sondern durch meinen Geist geschehen, spricht der Herr Zebaoth (Sacharja 4,6b).

Kapitel 3
Haus – Brot – Wasser

1. Könige 12,26 – 13,33 (EÜ)

In dem oben angeführten Schriftabschnitt sehen wir, wie der König Jerobeam, der über die zehn Stämme regiert, das Volk zum Götzendienst verführt. Er tut dies aus Eigennutz, weil er Angst hat, das Volk könnte von ihm abfallen, wenn es nach Jerusalem pilgert, um anzubeten. *Und Jerobeam sprach in seinem Herzen: Jetzt wird das Königtum an das Haus David zurückkommen. Wenn dieses Volk hinaufzieht, um im Haus des HERRN in Jerusalem Schlachtopfer zuzubereiten, dann wird sich das Herz dieses Volkes zu ihrem Herrn zurückwenden, zu Rehabeam, dem König von Juda. Mich aber werden sie erschlagen und sich zu Rehabeam, dem König von Juda, zurückwenden.* Aus dieser Angst heraus fasst Jerobeam einen Plan, wie er das Volk davon abhalten kann, nach Jerusalem zu pilgern. Er macht zwei Kälber, setzt eines nach Bethel und das andere nach Dan. Hierhin soll das Volk fortan pilgern, um anzubeten. So hat er das Volk erst einmal vom Vorsatz Gottes weggeführt. Er geht sogar so weit, dass er ein von ihm selbst erdachtes Fest einsetzt und selbst (als König!?) auch auf den selbstgemachten Altar steigt, um zu räuchern: ein falsches Fest zur falschen Zeit am falschen Ort!

Das war zu viel! Das bringt den Mann Gottes aus Juda auf den Plan, der von Gott geschickt nach Bethel kommt, just als Jerobeam auf dem Altar steht, um Rauchopfer darzubringen. *Und der Mann Gottes ruft auf das Wort Gottes hin gegen den Altar: Altar, Altar, so spricht der HERR: Siehe, ein Sohn wird dem Haus David geboren werden, sein Name ist Josia. Der wird auf dir die Höhenpriester schlachten, die auf dir räuchern; und Menschengebeine wird man auf dir verbrennen! Und er gab an jenem Tag ein Wunderzeichen und sagte: Dies ist das Wunderzeichen dafür, daß der HERR geredet hat: Siehe, der Altar wird zerbersten, und die Fettasche, die darauf ist, wird verschüttet werden.*

Als Jerobeam daraufhin vom Altar herab seine Hand ausstreckt und befiehlt: „Packt ihn!", verdorrt seine Hand. Doch auf das Gebet des Mannes Gottes hin kann der König seine Hand wieder an sich ziehen. Daraufhin lädt der König den Mann Gottes ein, mit ihm ins Haus zu gehen, sich zu stärken und vom König ein Geschenk zu empfangen (Bestechung!). Der Mann Gottes aber lehnt ab, weil Gott es ihm verboten hatte, an diesem **Ort Brot** zu essen oder **Wasser** zu trinken; deshalb erklärt er dem König: (Selbst) wenn du mir die Hälfte deines Hauses gäbest (und das war bestimmt kein einfaches Haus, sondern ein riesiger Palast), so würde ich nicht mit dir hineingehen. Ich werde an **diesem Ort** kein **Brot essen** und kein **Wasser trinken.** Denn so ist es mir durch das Wort des HERRN befohlen worden: Du sollst kein Brot essen und kein Wasser trinken, und du sollst nicht auf dem Weg **zurückkehren**, den du hingegangen bist! So ging er auf einem anderen Weg (fort) und kehrte nicht auf dem Weg zurück, auf dem er nach Bethel gekommen war.

Um mit ihm zu gehen, hätte er umkehren (zurückkehren) müssen, er hätte den von Gott für ihn vorgeschriebenen Weg verlassen und in die entgegengesetzte Richtung, eben <u>zurückgehen</u> müssen. Er hatte auch deutlich gemacht, dass er an **diesem Ort** kein **Brot** essen und kein **Wasser** trinken dürfe, weil Gott das gesagt hatte: „Du sollst dort weder **Brot essen** noch **Wasser trinken**; du sollst **nicht** den Weg **zurückgehen**, den du gekommen bist."

An diesem Punkt ist der Mann Gottes <u>noch</u> fest entschlossen, nicht von dem abzuweichen, was Gott ihm aufgetragen bzw. geboten hatte. Er lässt sich also nicht einmal vom König selbst überreden, dem Auftrag Gottes zuwiderzuhandeln (13,9), und geht auf einem anderen Weg fort – wie von Gott vorgegeben.

Doch dann erscheint ein **alter** Prophet auf der Bildfläche, der ihm gefolgt war. Vielleicht ist dieser **alte** Prophet wie ein Eli im Alter geistlich erblindet. Möglicherweise aber hat Gott ihn geschickt, um den Mann Gottes zu prüfen. Vielleicht trifft aber auch beides zu. Dieser **alte** Prophet, der aus Bethel kam, wo der König auf den Altar gestiegen war, kommt jetzt mit genau demselben Anliegen wie der König zu dem Mann Gottes, der auf seinem Rückweg unter einer Terebinthe Halt gemacht hatte. Vielleicht hat er sich hier von der beschwerlichen Reise ein wenig ausruhen wollen und war zudem noch hungrig und durstig. Der alte Prophet findet ihn also unter der Terebinthe und fordert ihn auf: „Komm mit mir in (**mein**) **Haus** und **iß Brot!**", so als wollte er sagen: „Was sitzt du hier herum, komm mit mir, dann kannst du dich in **meinem Haus** erholen und **essen** und **trinken**." Der Mann Gottes reagiert wie gehabt und antwortet auf die scheinbar gut gemeinte Einladung, vielleicht sogar unter Bedauern, denn er war möglicherweise tatsächlich inzwischen hungrig und durstig geworden. Ich höre ihn beinahe reden, wie er mit einer Leidensmiene dem alten Propheten erklärt: „Ich **kann nicht** mit dir **umkehren**, um mit dir hineinzugehen, und **an diesem Ort** werde ich kein **Brot essen** und kein **Wasser** mit dir **trinken**. Denn durch das Wort des HERRN ist ein Befehl (ein Wort) an mich (ergangen) (er kennt also den Buchstaben des Gesetzes und zitiert ihn sogar wortwörtlich): Du sollst **dort** kein Brot essen und kein Wasser trinken! Du sollt nicht wieder auf dem Weg (**zurück)gehen**, auf dem du hingegangen bist!" Hier ist der Mann Gottes scheinbar immer noch fest entschlossen, dem Gebot Gottes zu folgen – wenn auch vielleicht mit etwas Wehmut. Der **alte** Prophet gibt aber nicht auf und erklärt ihm mit Nachdruck: „Ich bin auch ein Prophet, und ich höre auch von Gott." (Der Feind gibt auch nicht auf.) Jetzt greift er zu einer anderen Strategie – er tischt ihm eine Lüge auf: „… *ein Engel hat zu mir geredet durch das Wort des HERRN und gesagt: Bring ihn mit dir in* **dein Haus** *zurück, daß er* **Brot esse** *und* **Wasser trinke!**" Er hatte gut zugehört, wusste, was Gott dem Mann Gottes aufgetragen hatte, und zitiert jetzt haargenau diese Worte. Aber nur, um das Gegenteil zu erreichen, nämlich um ihn zu verführen, oder anders ausgedrückt: um ihn mit seinen eigenen Worten zu schlagen bzw. rumzukriegen.

Das erinnert mich an bestimmte Worte aus 1. Mose 3: *Hat Gott wirklich gesagt: Von allen Bäumen des Gartens dürft ihr* **nicht essen?** Auch im Garten ging es um Essen und um Trinken: essen vom Baum des Lebens und trinken von den Strömen des Lebens, die im Garten flossen.

Der **alte** Prophet lügt und trickst den Mann Gottes auf diese Weise aus, so wie die Schlange in ihrer Schläue es mit Eva gemacht hat, um ihn am Ende doch noch von seinem vorgeschriebenen Weg abzubringen. Auch wenn jemand „aus den eigenen Reihen"

31

kommt und uns etwas religiös Gefärbtes vorsetzt, sollten wir nicht darauf hören und uns vom Weg abbringen lassen und von „ihrer Speise" essen. Hier brauchen wir den Geist der Unterscheidung. An diesen „anderen Orten", diesen falschen Orten, diesen Orten des Götzendienstes, gibt es sehr wohl Brot und auch Wasser, aber es ist das falsche Brot und das falsche Wasser. Es ist kein Brot des Lebens und kein Wasser des Lebens. Die Torheit lädt ein an **ihren** (falschen)Tisch. Und was du dort isst, das bist (wirst) du. Denke einmal darüber nach.

Der alte Prophet belügt den Mann Gottes, damit dieser endlich mit ihm **zurückgeht** in **sein,** des Propheten Haus, um **sein** Brot zu essen und **sein** Wasser zu trinken. Wow! Das erinnert mich an ein Wort aus Sprüche 9: Die **Weisheit** hat **ihr Haus** gebaut ... Sie hat **ihr** Schlachtvieh geschlachtet, hat **ihren** Wein gemischt, auch **ihren** Tisch gedeckt. Sie hat **ihre** Mägde (die Eigenschaften, die der Weisheit zugehörig sind, die ihr dienen, das sind: Reinheit, Friedfertigkeit, Milde, Folgsamkeit, Barmherzigkeit samt guter Früchte, Unparteilichkeit, Aufrichtigkeit, Friedenstifter) gesandt, **lädt ein** auf den Höhen der Stadt. Wer unerfahren ist (und diese Eigenschaften haben möchte), der kehre **hier** ein! Wer ohne Verstand ist, zu dem spricht sie: Kommt, **eßt** von **meinem** Brot und **trinkt** von dem Wein, den **ich** gemischt! **Laßt fahren die Torheit** und **lebt** und schreitet einher auf dem **Weg** der Einsicht! Die Weisheit lädt ein zum Leben.

Warum sollen wir die Torheit fahren lassen? Das sagt Vers 13 von Kapitel 9 ganz klar: Frau Torheit ist leidenschaftlich im **Verführen,** sonst kann sie nichts. Sie verführt mit und hin zu Eigenschaften, die genau ihr zugehörig sind: Sie ist irdisch gesinnt, sinnlich, teuflisch, eifersüchtig, eigennützig, zerrüttet (chaotisch) und vollbringt jede schlechte Tat. Und sie sitzt an der Tür **ihres Hauses** auf den Höhen der Stadt, um (genau dazu) einzuladen, die **des Wegs** vorübergehen, die geradehalten ihre Pfade: Wer unerfahren ist, der kehre **hier** ein. Wer ohne Verstand ist, zu dem spricht sie: **Gestohlenes Wasser** (falsche, böse Geister) ist süß, und **heimliches Brot** (verdrehtes Lügenwort) ist lieblich. Es ist lieblich, weil es sanfte, seichte und „wohltuende" Worte sind, die nicht zurechtweisen oder gar Sünde aufdecken, sondern alles unter den Teppich kehren. Und er weiß nicht, daß **dort** die Schatten sind, in den Tiefen des **Scheol** ihre Ge-

ladenen. Die Torheit verführt mit all ihren Eigenschaften zum Tode.

Warum sollte der Mann Gottes an **diesem bestimmten Ort** weder **Brot** essen noch **Wasser** trinken? Weil es sich um den falschen Ort (nicht Jerusalem), das falsche Brot (Lügenwort) und das falsche Wasser (böse Geister) handelte. Zudem ist alles verunreinigt, unheilig, götzendienerisch, fleischlich. Es ist ein Ort des Todes, wo es nur Brot des Todes und Wasser des Todes (falsche dämonische Geister) gibt. Die Frau Torheit ist – wie wir in Sprüche 9 gesehen haben – eine Verführerin, wie auch der alte Prophet dazu diente, den Mann Gottes vom Weg Gottes abzubringen, damit er das Brot der Frau Torheit (falsche Lehre) isst und ihr Wasser trinkt (sich auf „ihren Geist" einlässt). Der Feind (oder ist es manchmal sogar der Herr?) stellt uns immer wieder Menschen oder Dinge (Situationen) in den Weg, die uns zurückführen wollen (oder sollen), die uns gestohlenes Wasser und heimliches Brot anbieten. Nur, dass wir das oft nicht erkennen, es ist ja heimliches Brot, das uns – um es einmal etwas sarkastisch auszudrücken – untergejubelt wird. Der Feind tut das, um uns zu schaden, ja, um uns vom Weg abzubringen und letztendlich den Tod zu bringen, und das sowohl geistlich als auch physisch. Gott tut es bzw. lässt es zu, um uns dadurch zu prüfen und uns zu lehren, Gut von Böse zu unterscheiden; Weisheit von Torheit zu unterscheiden. Gott fordert uns auf, ja nicht, um gar keinen Preis, zurückzugehen, denn: *Wer seine Hand an den Pflug legt und sieht zurück, der ist nicht geschickt (wird nicht zubereitet) für das Reich Gottes.* Sowohl der König als auch der alte Prophet forderten den Mann Gottes heraus. Sie wollten, dass er mit ihnen **zurückgeht in ihr Haus**.

Wenn man bedenkt, dass mit dem Wort „Haus" in der Schrift oft der Tempel Gottes und auch der Tempel unseres Leibes gemeint ist, dann macht die Tatsache, dass der König und der alte Prophet den Mann Gottes zum Umkehren veranlassen wollten, deutlich, dass sie ihn von Gottes Haus und von oder aus seinem menschlichen Geist, in dem Gottes Geist wohnt, herausbringen wollten, zurück in sein altes Seelenleben, zurück ins Fleisch. Indem der Mann Gottes dann schließlich darauf eingeht (besser gesagt: darauf reinfällt), wird er dem Wort, sprich dem Gebot Gottes gegenüber ungehorsam. Dieser Ungehorsam hat verheerende Folgen. Er bringt ihm den Tod, sowohl den geistlichen als auch den physischen Tod.

Da kehrte er mit ihm zurück und aß in seinem Haus Brot und trank Wasser (1. Könige 13,19).

Schlussendlich geht der Mann Gottes also doch mit dem alten Propheten zurück. Er hat die Lüge des alten Propheten geschluckt, die Lüge, dass ein Engel zu ihm, dem alten Propheten, gesprochen hätte durch das Wort des Herrn. Und so lässt er sich zurückbringen in das **Haus** des Propheten, damit er **dort Brot isst** und **Wasser trinkt**. Was der vermeintliche Engel aber gesagt haben soll, war genau das Gegenteil von dem, womit der Mann Gottes von Gott selbst beauftragt worden war.

Gott ändert **nie (!)** mir nichts dir nichts Seinen Plan. Gott ist gestern, heute und in Ewigkeit derselbe. Er sagt nicht heute so und morgen so. Dieser Mann Gottes kennt den Herrn nicht wirklich, obwohl er ein Prophet ist. Wir haben es hier mit zwei Arten von Propheten zu tun: Der eine lügt und der andere ist ungehorsam, ja, widerspenstig. Der eine ist auf den anderen reingefallen. Warum ist er reingefallen? Weil er Gott nicht kennt. Sein Ungehorsam bringt seine schwache Beziehung zu Gott, der Geist ist, zum Ausdruck. Er kennt Gott und damit den Geist Gottes nicht. Er hat keine oder wenig Ahnung, dass Gottes Wort wahr ist und dass Gott immer zu dem steht, was Er sagt, dass Er auch meint, was Er sagt, und Sein Wort niemals widerruft oder gar einen Engel schickt, es zu widerrufen. Er sagt nicht das eine heute und morgen genau das Gegenteil. Diesem Mann Gottes fehlte der Geist der Erkenntnis. Dieser Geist der Erkenntnis ist auch ein Geist der innigen Beziehung und Liebe zu Gott. Nur durch eine innige Beziehung zu Ihm erkennen wir immer mehr von Gott und was Gott in Seinem Wort sagt. Beten wir daher wie Paulus: *Ihn möchte ich erkennen und die Kraft seiner Auferstehung und die Gemeinschaft seiner Leiden und so seinem Tode* **gleich gestaltet** *werden, damit ich gelange zur (Aus-)Auferstehung von den Toten.* Wer nun aber nur nach dem toten Buchstaben handelt, eben weil Gott es gesagt hat, steht nicht in einer Liebesbeziehung zu Gott und ist deshalb auch leicht angreifbar, leicht verwundbar und schnell wieder vom rechten Weg abzubringen. Dem Herrn geht es um seine Braut. Und eine Braut liebt ihren Bräutigam.

Kommen wir zurück zu dem Mann Gottes. Er lässt sich also schlussendlich überreden (überzeugen oder belügen?), geht mit dem alten Propheten **zurück** in dessen **Haus** und **isst** dessen Brot und **trinkt** dessen Wasser.

Wenn wir am falschen Ort das essen, von dem Gott gesagt hat, dass wir es nicht essen sollen, endet das im (geistlichen) Tod. Es gab selbst im Garten einen **Ort** oder Platz, wo Adam und Eva sich nicht hätten aufhalten sollen. Das war der **Ort**, wo dieser gewisse Baum stand, von dem sie nicht essen sollten, und auch der Ort, wo sich die Schlange aufhielt. Ich glaube nicht, dass die Schlange überall im Garten sein durfte. Sie war **am Ort dieses gewissen Baumes**, mit dem sie bis zur Untrennbarkeit verwoben und verbunden war. Wenn wir also am falschen Ort das essen, von dem Gott gesagt hat, dass wir es nicht essen sollen, endet das immer im (geistlichen) Tod. Eva muss am **Ort** des Baumes der Erkenntnis des Guten und des Bösen gewesen sein. Und indem sie an **diesen Ort** der Vermischung gegangen ist, hat sie eine Grenze überschritten. Sie hätte von diesem Baum fernbleiben, mit Gott im Garten wandeln und in Seiner Nähe bleiben sollen.

Es ist ein Gebot des Herrn, aus Babylon herauszukommen, und es ist auch ein Gebot des Herrn, nicht am falschen Ort zu essen und zu trinken.

Indem der Mann Gottes die Grenze überschritten und am falschen Ort das Falsche gegessen und getrunken hat, verlässt er unwillkürlich den Bereich des Schutzes Gottes, so dass der Feind ihn angreifen kann – wie es auch bei Adam und Eva der Fall war –, was dann letztendlich seinen physischen Tod zur Folge hatte: Er wird von einem Löwen gerissen. Dass der Löwe ihn nicht auch gefressen hat, zeigt, dass es kein gewöhnlicher Löwe war, der ihm rein zufällig über den Weg gelaufen ist.

20 Und es geschah, während sie (noch) zu Tisch saßen, da geschah das Wort des HERRN zu dem Propheten, der ihn zurückgebracht hatte.

21 Und er rief dem Mann Gottes, der aus Juda gekommen war, zu: So spricht der HERR: Dafür, daß du gegen den Befehl des HERRN widerspenstig gewesen bist und das Gebot, das der HERR, dein Gott, dir geboten hat, nicht beachtet hast

22 und umgekehrt bist und Brot gegessen und Wasser getrunken hast an dem Ort, zu dem er zu dir geredet hat: Iß kein Brot und trink kein Wasser! – (darum) soll deine Leiche nicht in das Grab deiner Väter kommen!

Er hatte sich also überreden lassen, war bzw. ist mit zurückgegangen und hat an diesem Ort Brot gegessen und Wasser getrunken und damit genau das Gegenteil von dem getan, was Gott ihm geboten hatte. Als sie nun beim Essen sitzen, klärt der alte Prophet ihn auf, der an diesem Punkt ein echtes und wahres Wort von Gott empfängt, ihn also diesmal nicht belügt:

„Dafür, daß du gegen den Befehl des HERRN widerspenstig gewesen bist und das Gebot, das der HERR, dein Gott, dir geboten hat, nicht beachtet hast und umgekehrt bist und Brot gegessen und Wasser getrunken hast an dem Ort, zu dem er zu dir geredet hat: Iß kein Brot und trink kein Wasser! – (darum) ..."

Jetzt spricht Gott durch den alten Propheten und tadelt den Mann Gottes dafür, dass er dem Befehl bzw. dem Wort Gottes nicht gehorcht hat. Das hört sich für mich erst einmal ziemlich ungerecht an, denn immerhin war er ja ausgetrickst, belogen, mit religiösen Worten überredet worden. So wie die Schlange Eva ausgetrickst hat, indem sie das Wort Gottes vor Eva anzweifelte und verdrehte. Es spielt aber keine Rolle, ob wir nun einer Lüge auf den Leim gehen oder anderweitig ausgetrickst werden – wir tragen in jedem Fall – so oder so – die Verantwortung für unser Handeln. Gott nimmt uns diese Verantwortung nicht ab. Vertraut uns Gott ein Gebot an, haben wir die Verantwortung, es auch zu befolgen. Und es geht dabei immer um Leben oder Tod. Es spielt wirklich keine Rolle, ob uns jemand dieses Gebot verdreht vorgesetzt oder uns dahingehend sonst wie belogen hat. Z. B.: Der biblische Sabbat wird am Sonntag gehalten, denn es ist ganz egal, an welchem der sieben Tage wir ihn feiern, Hauptsache, du legst einen Sabbat ein, usw. Die Verantwortung liegt bei mir, ob ich das Sabbatgebot so einhalte, wie es geschrieben steht, nämlich am 7. Tag der Woche, oder abgewandelt entsprechend meinem Gusto. Wenn ich das Falsche tue, wird Gott nicht die Schlange oder den, der mich falsch gelehrt hat, zur Verantwortung ziehen. Nein! Ich bin selbst verantwortlich dafür, dass ich nicht nach „Gott-hat-doch-niemals-gesagt", sondern nach „Es-steht-geschrieben" handle! Und dafür brauche ich den Geist der Unterscheidung. Aber hatte der Mann Gottes denn nicht sogar der Einladung eines Königs (!) widerstanden? Zählt das denn gar nicht? Er hatte sogar das königliche Geschenk ausgeschlagen (die Bestechung). Es ist beileibe nicht leicht, konsequent und auf ganzer Linie das Seelenleben zu verleugnen. Der Feind führt große Geschütze auf. Und können wir nicht unterscheiden, lassen wir uns von vermeintlich Gleichgesinnten belügen und tappen in die Falle des Feindes mit dem Ergebnis, dass wir genau das Gegenteil von dem tun, was Gott uns aufgetragen oder geboten hat. Und möglicherweise waren wir uns dessen nicht einmal bewusst.

Der Mann Gottes hatte in dieser Situation nicht erkannt, dass er von dem alten Propheten belogen worden war. Wir brauchen dringend diesen Geist der Unterscheidung, damit wir nicht auf Lügen reinfallen und das Gebot des Herrn übertreten oder etwas tun, von dem Gott gesagt hat, dass wir es nicht tun sollen. Oder andersherum: etwas nicht tun, was wir aber tun sollten. Belogen zu werden, ist etwas ganz Altes, wenn ich das mal so ausdrücken darf. Eva wurde ganz subtil von der Schlange belogen: „Gott hat doch niemals gesagt ..." Und hier sagt der alte Prophet: „Ein Engel hat zu mir geredet." Wo wird uns Lüge als Wahrheit präsentiert? Können wir das unterscheiden? Der Mann Gottes konnte es nicht, obwohl er ein Mann Gottes war.

Im Fall des Mannes Gottes lautete die Strafe für seinen Ungehorsam (Ungehorsam ist Sünde, und die Strafe für die Sünde ist der Tod): Dein Leichnam soll nicht in deiner Väter Grab kommen. Zunächst einmal verstehe ich das nicht. Was hat der Ungehorsam mit dem Grab seiner Väter zu tun? Vielleicht will Gott hier aber auch nur sagen: Die Strafe ist der Tod, der geistliche Tod, und darauf basierend dann am Ende irgendwann auch der physische Tod. Es ist wie bei Adam und Eva, die sich von der Schlange belügen ließen, was jedoch keine Entschuldigung ist.

Indem der Mann Gottes diese Grenze überschreitet, am falschen Ort das Falsche isst, verlässt er den Bereich des Schutzes Gottes – genau wie auch Adam und Eva –, so dass er auf dem Rückweg von einem Löwen gerissen wird.

Obwohl er die Weissagung des alten Propheten deutlich gehört (?) hatte, heißt es in Vers 23 dennoch: *Und es geschah, nachdem er* **Brot** **gegessen** *und nachdem er* **getrunken** *hatte* ... Seltsam! Er isst also trotzdem. Mensch, das ist doch die Höhe. Möglicherweise hatte er schon zu viele Grenzen überschritten, so dass er das Wort Gottes (hier: die Prophetie in Bezug auf ihn) gar nicht mehr in seiner Tragweite (oder überhaupt) hat erfassen können. Er war geistlich schon völlig abgestürzt. Das brachte ihm dann letztendlich auch den physischen Tod ein, wie bei Adam und Eva.

Mir kam hier die Frage: Warum hat er auf die Prophetie hin nicht sofort Buße getan? Wäre er dann vor dem Tod bewahrt worden? Warum sollte er nicht ins Grab seiner Väter kommen? Es konnte ihm doch egal sein, was nach dem Tod mit ihm geschehen würde. Das Grab seiner Väter war das Grab von Glaubensvätern. Er aber glaubte und vertraute wohl nicht. Denn er ließ sich abbringen vom wahren Wort Gottes und durfte womöglich deshalb nicht ins Grab der Väter des Glaubens, weil er ja im Unglauben, sprich Ungehorsam gehandelt hatte. Ich weiß es nicht. Nachdem er also trotz prophetischem Wort Brot gegessen und Wasser getrunken hatte, *da sattelte man ihm den Esel des Propheten, der ihn zurückgebracht hatte.* Ein Esel, speziell ein junger Esel, ist in der Schrift unter anderem auch ein Bild für die unerneuerte Seele. Der Prophet hatte aus seiner unerneuerten Seele heraus agiert. Eine unerneuerte Seele ist dem menschlichen Geist nicht untertan, vielmehr übt **sie** Autorität über den Geist aus. Alle Handlungen aus einer solchen Seele heraus werden „schief" und stehen dem Geist entgegen. Der Mann Gottes hatte nach der Nase des alten Propheten getanzt, also nach dessen unerneuerter Seele gehandelt, und jetzt sattelt dieser ihm auch noch seinen Esel für den Rückweg. Der Mann Gottes reitet also auf dem Esel eines anderen zurück. Das bedeutet, er steht immer noch unter dem Einfluss der unerneuerten Seele des alten Propheten. Er reitet zurück auf dem, was der alte Prophet ihm gesagt hat – er bleibt in seinem geistlichen Tod. Er hat nicht Buße getan und tut auch weiterhin keine Buße. Er hat aus der ganzen Geschichte scheinbar nichts gelernt. Er handelt immer noch nicht nach dem Geist. Das macht deutlich, dass er auf die Lüge des Propheten reinfallen konnte, weil er keine Unterscheidung der Geister besaß.

Diese Unterscheidung ist in dieser Endzeit aber lebenswichtig, ja, überlebenswichtig! Das kommt hier besonders klar zum Ausdruck, weil die Unfähigkeit zu unterscheiden zum Tod führt. Stellen wir uns daher selbst einmal die Frage: Von wem oder was lasse ich mich „zurückbringen", lasse ich mich „aus dem Geist zurück in die Seele bringen"? Höre ich auf das Wort eines jeden, der sich „Prophet" schimpft, doch mir möglicherweise etwas vorlügt? Wir brauchen unbedingt den Geist der Unterscheidung, das ist der Geist der Weisheit und der Geist des Verstandes. Diese beiden Aspekte des Heiligen Geistes beinhalten Unterscheidungsvermögen. Auch darum sollten wir den Herrn anflehen, dass er genau diese beiden Aspekte des Heiligen Geistes in uns verstärkt, so dass sie in Situationen wie den oben geschilderten zum Tragen kommen und wir nicht durch Lügen oder gar Bestechung verführt werden können.

Bitten wir Jeschua flehentlich, dass Er den Geist der Weisheit und den Geist des Verstandes in uns stärkt bis hin zur Erfüllung mit diesen beiden Aspekten des Geistes, damit wir in dieser Zeit der Trübsal, in der wir jetzt leben, die Geister auch unterscheiden können. Und halten wir von ganzem Herzen am wahren Wort

Gottes fest, so dass unsere Seele durch das Wort erneuert, sprich umgewandelt werden kann.

Im Buch der Offenbarung heißt es immer wieder: „Wer überwindet ...". In diesem Wort schwingt mit, dass **wir** Handlungsbedarf haben, dass wir nicht in der Stagnation verharren dürfen. Es ist natürlich nicht einfach aus unserer Lethargie, eben vor allem aus dieser Stagnation, herauszukommen. Dennoch dürfen und können wir hier nicht auf Gott warten, dass Er es für uns tut, weil wir denken: Er wird's schon machen, weil Er uns ja liebt. Nein, absolut nein! Hier müssen wir selbst die Initiative ergreifen und überwinden und aus allem herauskommen, von dem Gott uns gesagt hat, dass wir herauskommen sollen!

Seien wir trotz allem ermutigt, denn wenn wir mit offenem, verlangendem und hingegebenem Herzen zum Herrn schreien und flehen, **wird Er hören und antworten**.

Jesaja 30,19

Du Volk Zions, das in Jerusalem wohnt, du wirst nicht weinen! Er wird dir gnädig sein, wenn du rufst. Er wird dir antworten, sobald er's hört.

PS: Es gibt nichts Schöneres und Erfüllenderes, als im Geist und damit in der Gegenwart Gottes zu leben.

Kapitel 4
Fettnäpfchen?

18 Darum harrt der Herr darauf, dass er euch gnädig sei, und er macht sich auf, dass er sich euer erbarme; denn der Herr ist **ein Gott des Rechts**. Wohl allen, die auf **ihn** harren!

19 Du Volk Zions, das in Jerusalem wohnt, du wirst nicht weinen! Er wird dir gnädig sein, wenn du rufst. Er wird dir antworten, sobald er's hört.

20 Und **der Herr** wird euch in Trübsal Brot und in Ängsten Wasser geben. Und **dein Lehrer** wird sich nicht mehr verbergen müssen, sondern deine Augen werden deinen Lehrer sehen.

21 Deine Ohren werden hinter dir das Wort hören: „Dies ist **der Weg**; den geht! Sonst weder zur Rechten noch zur Linken!"

22 Und ihr werdet **entweihen** eure übersilberten Götzen und die goldenen Hüllen eurer Bilder und werdet sie wegwerfen wie Unrat und zu ihnen sagen: Hinaus!

Sobald der Feind merkt, es geht ihm an den Kragen, fährt er sämtliche Geschütze auf, um das möglichst zu verhindern.

Immer wieder spricht der Herr zu mir und sagt: „Komm heraus, ich will dir den Weg zeigen, den du gehen sollst" (Psalm 32,8). So ein Wort hinterlässt einen unsagbaren Frieden bei mir. So habe ich an bestimmten Stellen schon entschieden, mich aus bestimmten „Dingen" die Systeme betreffend herauszunehmen.

Mit einem ganz bestimmten System jedoch habe ich ein großes Problem. Zumindest hat der Feind mir dieses Problem übergroß vor Augen gemalt und mir dann eingeflüstert, dass es da doch einen Weg gäbe, wie das Problem – zumindest zum Teil – gelöst werden könnte. Hier habe ich wohl die Stimmen nicht so ganz unterscheiden können, so dass ich zum Zweck der Hilfe wieder auf ein System zurückgegriffen habe. Und das sah so aus: Ich habe einen ganz bestimmten Antrag gestellt. Und siehe da – der Antrag wurde bewilligt und das System zahlt mir nun 172,- Euro. Erwartet und gebraucht hätte ich weit mehr als das Doppelte, aber immerhin! Indem ich nun dem Herrn dafür dankte, kam plötzlich die Frage in mir hoch: Warum gerade 172,- Euro? Das ist kein runder Betrag, sondern ein eigenartiger. Doch damit der Herr zu mir reden konnte, musste es genau diese Summe sein. Das wurde mir aber erst viel später klar. Mir kam sofort noch ein zweiter Gedanke: Schau einmal nach der hebräischen Zahlenbedeutung. Gedacht, getan – das Ergebnis war überwältigend!

Die Zahl 1 steht für Meister, Herr, Fürst und auch für die Zeitform der Zukunft „ich werde“.

Die Zahl 7 steht für Nahrung und Versorgung mit den Grundbedürfnissen; für die 7 Geister Gottes; auch für Fertigstellung und Abschluss.

Die Zahl 2 steht für Tempel oder Haus Gottes.

Jetzt standen mir die Tränen schon in den Augen. Der Meister, der Herr, will mir dadurch sagen: Ich werde dich, der du ein Tempel Gottes bist, durch den siebenfachen Geist mit allem versorgen, was du brauchst. Ich konnte jetzt nur noch weinen und habe Buße dafür getan, dass ich mich vom Feind hab einlullen und überreden lassen, wieder für Hilfe auf ein System zurückzugreifen, das doch sowieso völlig ungerecht ist. Und das, wo doch unser Herr ein Gott des Rechts ist. Und doch hat Jeschua das System benutzt, um mir an diesem Punkt zu helfen.

Dass der Herr so konkret, ja, so direkt zu und mit mir spricht, hat mich überwältigt. Ich bete beinahe jeden Tag, dass Er mir den Weg zeigt, den ich gehen soll, und mich mit Seinen Augen (Seinem siebenfachen Geist) leitet (Psalm 32,8). Und hier war ich scheinbar vom Weg ein wenig abgebogen. Die Stimme hinter mir sagte aber nicht: „Wo bist du?“ oder „Wo gehst du hin?“, sondern: „**Ich** werde dich versorgen, vertrau also nicht in erster Linie auf die Systeme, sondern komm heraus aus Babylon.“

Durch diese Sache habe ich im Nachhinein auch verstanden, warum die Stimme manchmal hinter uns redet und nicht, wie es normal wäre, von Angesicht zu Angesicht. Die Stimme ist hinter uns, wenn wir dabei sind, vom Weg abzubiegen; sie ist hinter uns, wenn wir gerade nicht mehr <u>nach</u>folgen. Dann ist sie hinter uns und ermahnt uns, auf den richtigen Weg zurückzukommen, bzw. auf dem Weg zu bleiben. Und haben wir es doch einmal vermasselt, müssen wir nicht darüber traurig sein. In diesem Fall drehe einfach um und folge wieder der Stimme nach.

Ich bin dem Herrn so dankbar, dass Er mich nicht auf einem falsch eingeschlagenen Weg weitergehen lässt, sondern hinter mir redet und mich zurückruft, indem Er mir erklärt: „**Ich** bin für dich alles, was du (jetzt noch) von dem versilberten Götzen erwartest." *Silber oder Gold habe ich nicht, was ich aber habe, das gebe ich dir.* Selbst ein Gelähmter baut auf die Hilfe durch Silber und Gold. Er baut auf diese Rosse, die aber weder retten noch helfen können. Doch Gott half ihm auf völlig andere Art und Weise. Petrus und Johannes hatten zwar kein Silber und kein Gold, was der Gelähmte von ihnen erwartete, um sich selbst dadurch versorgen zu können, aber sie besaßen eine Gabe des Geistes, die Gabe, gesund zu machen, und damit dienten sie dem Gelähmten und demonstrierten ihm so, dass auf Silber und Gold kein Verlass ist. Es kann uns nicht heilen.

In Jesaja 30 fordert der Herr uns auf, auf **IHN** zu harren, auf IHN zu vertrauen statt auf die Systeme. Und sollten wir trotzdem wieder einmal in ein Fettnäpfchen getreten sein, dann fragt Er an dieser Stelle nicht: „Wo bist du?", sondern Er ist gnädig, macht sich auf und erbarmt sich unser.

Danke, Herr, dass Du gnädig, barmherzig und immer treu bist. Wo ist so ein Gott wie Du?

Kapitel 5
Wahl

2. Chronik 15,2

Der Herr ist mit euch, weil ihr mit ihm seid; und wenn ihr ihn sucht, wird er sich von euch finden lassen.

In 1. Könige 18,21 stellt Elia das Volk vor eine lebenswichtige Entscheidung:

Wie lange hinkt ihr auf beiden Seiten? Ist der HERR Gott, so wandelt ihm nach, ist's aber Baal, so wandelt ihm nach. Und das Volk antwortete ihm nichts.

Zunz übersetzt hier:

Wie lange noch wollt ihr hüpfen auf die beiden Zweige.

Hinken ist etwas Beschwerliches. Hüpfen drückt Leichtigkeit aus. Einem Götzen nachzuwandeln, in den Systemen zu agieren, ist mitunter ziemlich beschwerlich. Es beschwert, weil wir unter ihrer Knechtschaft, nach ihren Vorgaben, nach ihren Mandaten leben müssen. Das Wort „Zweig" hat gleich eine ganze Reihe von Assoziationen bei mir ausgelöst. Ein Zweig gehört zu einem Baum und hier musste ich gleich an die beiden Bäume im Garten denken. Ich musste auch daran denken, dass es oft ganz leicht ist, von einem Baum (Leben/Geist) auf den anderen (Tod/Seele und Fleisch) zu hüpfen. Wie oft schafft es die Schlange, uns von dem einen wahren Baum auf den anderen zu locken? Frage: Auf welchem Ast sitzt du gerade?

Welchem Gott dienen **wir**? Dienen wir dem Gott der Systeme? Oder dem Gott des ewigen Reiches Gottes? Die Systeme werden zerschlagen – Gottes Reich ist ein ewiges Reich.

Es verschlägt uns oftmals die Sprache – wie dem Volk auf dem Karmel –, wenn wir vor eine konkrete Wahl gestellt werden. Und warum verschlägt es uns die Sprache? Weil wir bloßgestellt, ins Licht gerückt wurden, weil wir sozusagen angesichts der vielen Systeme, in denen wir leben und auf die wir uns verlassen (berechtigt oder unberechtigt), von unserer Sünde bzw. von unserem In-der-Seele-Leben, unserem „Götzendienst" überführt worden sind.

Elia nimmt kein Blatt vor den Mund. Er sagt dem König ins Gesicht, dass er – Ahab – des Herrn Gebote verlassen hat und den Baalen (Plural) nachwandelt. Und er stellt auch das Volk vor die Entscheidung: Gott oder Baal(e). Im Buch Josua hat Josua das Volk ebenfalls vor die Entscheidung gestellt.

Wir lesen in Josua 24,14–15

> 14 So fürchtet nun den HERRN und dient ihm treulich und rechtschaffen und lasst fahren die Götter, denen eure Väter gedient haben jenseits des Euphratstroms und in Ägypten, und dient dem HERRN.

> 15 Gefällt es euch aber nicht, dem HERRN zu dienen, so wählt euch heute, wem ihr dienen wollt: den Göttern, denen eure Väter gedient haben jenseits des Stroms, oder den Göttern der Amoriter, in deren Land ihr wohnt. **Ich aber und mein Haus wollen dem HERRN dienen.**

Daraufhin macht das Volk dem Josua eine klare Ansage, während es bei Elia erst einmal geschwiegen hat. Wobei es noch einmal aufzählt und unterstreicht, was Gott in der Vergangenheit alles für das Volk getan hat: Es zählt auf, wie der Herr es aus Ägypten, der Knechtschaft, geführt, wie Gott große Zeichen getan, wie Er das Volk auf dem ganzen Weg behütet hat und wie Er die Völker, vornehmlich die Amoriter, in deren Land sie wohnten, vor ihnen ausgestoßen hat. Nach dieser Reflektion dessen, was Gott für sie in der Vergangenheit alles getan hat, sagt nun das Volk mit

Nachdruck: „Darum wollen wir auch dem HERRN dienen; denn er ist unser Gott" (Josua 24,18b).

Jetzt führt ihnen Josua aber trotzdem noch einmal klar vor Augen: „Wenn ihr den HERRN verlasst und fremden Göttern dient, so wird er sich abwenden und euch plagen und euch ausrotten, nachdem er euch Gutes getan hatte. Das Volk aber sprach zu Josua: Nein, sondern wir wollen dem HERRN dienen" (Vv. 20–21).

Dass das Volk hier nochmals alles aufzählt, was Gott in der Vergangenheit für es getan hat, hat mich tief berührt. Es hat mich an den Schabbat und die Feste erinnert, die wir ja auch im Gedenken an das, was JHWH alles für sein Volk, für uns, getan hat, feiern. Wenn ich darüber nachdenke, erfüllt es mich mit tiefer Dankbarkeit, insbesondere, wenn ich bedenke, aus was Er mich persönlich schon herausgeholt hat und noch weiter herausholen wird. Er wird mich auch aus den Systemen herausholen, mir den Weg heraus zeigen und ebnen, wenn ich mein Herz ganz Ihm zuneige.

Er stattet uns mit allem aus, was dazu nötig ist; es geht dabei aber darum, auf welchen Ast wir hüpfen oder auf welchem Ast wir sitzen; es geht um unser **Herz** und es geht um unser **Vertrauen.**

Das Volk hat hier eine klare Entscheidung **für** JHWH und **gegen** die Götzen getroffen. Deshalb fordert Josua das Volk nun auf: „So tut nun von euch die fremden Götter, die unter euch sind, und neigt **euer Herz** zu dem HERRN, dem Gott Israels" (V. 23). Entweder – oder.

Ich möchte an dieser Stelle auf Hiskias Herz und sein Vertrauen auf Gott zu sprechen kommen. Denn ohne die Umwandlung unseres Herzens, ohne dass wir unser Herz ganz dem Herrn zuneigen, und ohne völliges Vertrauen auf Gott wird es uns nicht möglich sein, uns auch nur aus einem einzigen System herauszulösen. Die Selbstverständlichkeit der Systeme und ihre scheinbare absolute Notwendigkeit halten uns in ihnen fest.

Von Hiskia heißt es in 2. Könige 18,3–8:

> 3 Und er tat, was dem Herrn wohlgefiel, ganz wie sein Vater David.

4 Er entfernte die Höhen (falsche Orte der Anbetung) und zerbrach die Steinmale (Festigkeit der Systeme; scheinbare Unerschütterlichkeit) und hieb das Bild der Aschera (Fruchtbarkeitsgöttin) um und zerschlug die eherne Schlange (Symbol der Medizin), die Mose gemacht hatte. Denn bis zu dieser Zeit hatte ihr Israel geräuchert und man **nannte** sie Nehuschtan. (Nehuschtan heißt „ehern" = hart, fest – wurde wie ein Götze angebetet.) (Jedes System hat auch einen Namen. Es wird genannt nach dem, was es ist, bzw. bewirken soll.)

5 Er **vertraute** dem HERRN, dem Gott Israels, so dass unter allen Königen von Juda seinesgleichen nach ihm nicht war noch vor ihm gewesen ist.

6 Er **hing dem HERRN an** (1.Korinther 6,17, und nicht der Hure Babylon) und wich nicht von ihm ab und hielt seine Gebote, die der HERR dem Mose geboten hatte.

7 Und der HERR war mit ihm, und alles, was er sich vornahm, gelang ihm. Und er wurde abtrünnig vom König von Assyrien und war ihm nicht mehr untertan.

8 Er schlug auch die Philister (ein Bild für unser Fleisch) bis nach Gaza und seinem Gebiet, von den Wachttürmen bis zu den festen Städten.

Aufgrund seiner absoluten Hinwendung zu Gott **wendet sich Hiskia vom König von Assyrien ab**, er ist ihm nicht länger untertan und zahlt ihm somit auch keinen Tribut mehr. Hinwendung heißt gleichzeitig auch Abwendung. Will ich mich zu jemandem hinwenden, muss ich mich notwendigerweise von jemand anderem oder etwas anderem abwenden. Es ist nicht möglich, auf zwei Ästen gleichzeitig zu sitzen.

Ein Herausgehen aus den Systemen ist uns nur aufgrund einer solch absoluten Hinwendung zu Gott und gleichzeitigen Abwendung von den Götzen, den Systemen, möglich. Und Hiskia ging mit gutem Beispiel voran, denn er hörte auf, Tribut zu zahlen. Es geht schon lange nicht mehr nur um unser Wissen. Auch wenn ich alles **weiß** in Bezug auf Endzeitgeschehen, in Bezug auf Babylon, auf Gebote oder Worte Gottes, in Bezug auf den größeren Exodus usw., wird mir das in der Trübsal nicht helfen, wenn mein **Herz** nicht ganz auf Gott selbst, auf Jeschua ausgerichtet ist. In 5. Mose 6,4–5 werden wir zur Liebe und zum Gehorsam dem Herrn gegenüber ermahnt, dort heißt es: **4 Höre, Israel, der HERR ist unser Gott, der HERR allein. 5 Und du sollst den HERRN, deinen Gott, lieb haben von ganzem Herzen, von ganzer Seele und mit all deiner Kraft.** Woran hängt dein Herz? Hängt es noch an den Systemen, allen voran am Finanz- oder Gesundheitssystem?

Das alleinige Wissen also – wie es auch die fünf törichten Jungfrauen hatten – wird mich vor dem Feind nicht schützen, denn dieser ist sofort auf dem Plan, sobald ich mich auch nur ganz vorsichtig mit einem Fuß aus einem System heraustaste. Gott aber auch – ich meine, Gott ist auch sofort auf dem Plan, um uns zu ermutigen, zu stärken und zu unterstützen und vor allem zu helfen. In Seinem Wort finden wir zu jedem System eine göttliche Alternative, die wir in Anspruch nehmen können.

Im Zuge Hiskias absoluter Hinwendung zu Gott, wandte er sich – wie schon gesagt – vom König von Assyrien, Sanherib, ab. Er wollte sich nicht mehr von ihm unterjochen lassen und stoppte die Tributzahlungen an ihn. Diese Zahlungen stellten aber eine Art Versicherung dar, aufgrund derer Sanherib nicht kommen und gegen ihn kämpfen würde. Sie waren sozusagen eine Absicherung (?), eine Art Vorauszahlung, die mehr oder weniger garantierte (?), dass der Feind nicht angreifen würde.

Wo zahlen wir dem Feind noch Tribut? Und sind wir wirklich dadurch vor ihm sicher?

Verärgert über Hiskias Handlungsweise zieht Sanherib herauf gegen alle festen Städte Judas und nimmt sie ein. Da lässt Hiskia ihm sagen, dass ihm die Sache mit dem Tribut leidtut und dass er ihm geben werde, was er – Sanherib – ihm auferlegt hat. Ist Hiskia hier eingeknickt? Sanherib fordert nun 300 Zentner Silber und dreißig Zentner Gold, eine astronomisch hohe Summe. Dieser Antichrist der Generation Hiskias ist auf Silber und Gold aus und vor allem auf Menschenseelen, denn das stärkt seine

Macht, wobei das Volk auf der anderen Seite verarmt. Klingelt da etwas bei uns?

Kommen wir zurück zu Hiskia und wie er mit der Forderung Sanheribs umgegangen ist. Er gibt ihm alles Silber aus dem Haus des Herrn und aus den Schätzen des Königs und Gold sogar von den Türen des Tempels, Türen, die er selbst mit Gold hat überziehen lassen. Mehr hatte er wohl nicht und möglicherweise reichte das bei Weitem nicht an das von Sanherib Geforderte heran. Es ist menschlich gesehen auch nicht möglich, die Gier des Feindes zufrieden zu stellen. Wenn du ihm den kleinen Finger reichst, nimmt er nicht nur die ganze Hand. Er will dein ganzes Leben.

2. Könige 18,15-20

15 So gab Hiskia all das Silber, das sich im Hause des HERRN und in den Schätzen des Hauses des Königs fand.

16 Zur selben Zeit zerbrach Hiskia, der König von Juda, die Türen am Tempel des HERRN und das Goldblech, das er selbst hatte darüberziehen lassen, und gab es dem König von Assyrien.

17 Und der König von Assyrien sandte den Tartan und den Rabsaris und den Rabschake von Lachisch zum König Hiskia mit großer Heeresmacht nach Jerusalem (Jerusalem ist auch ein Bild für oder auf uns, weil Er in uns wohnt) und sie zogen hinauf. Und als sie hinkamen, hielten sie an der Wasserleitung des oberen Teiches, der an der Straße bei dem Acker des Walkers liegt.

18 Und sie riefen nach dem Könige. Da kamen zu ihnen heraus der Hofmeister Eljakim, der Sohn Hilkijas, und der Schreiber Schebna und der Kanzler Joach, der Sohn Asafs.

19 Und der Rabschake sprach zu ihnen: Sagt doch dem König Hiskia: So spricht der große König, der König von Assyrien: Was ist das für ein Vertrauen, das du da hast?

20 Meinst du, bloße Worte seien schon Rat und Macht zum Kämpfen? Auf wen verlässt du dich denn, dass du von mir abtrünnig geworden bist? (Er verspottet Hiskia und er verspottet Gott selbst.)

Offensichtlich war also das, was der König Hiskia dem König von Assyrien an Silber und Gold gegeben hatte, nicht ausreichend, denn jetzt schickt der König von Assyrien seinen Feldhauptmann, den Rabschake, um Hiskia einzuschüchtern. Wie macht er das? Durch sogenannte psychologische Kampfführung. Er versucht, das Vertrauen, das Hiskia zu Gott hat, zu erschüttern. Und genau da setzt der Feind auch bei uns an: Er untergräbt, stellt infrage, verhöhnt und macht lächerlich. „Was ist das für ein Vertrauen, das du da hast?" „Auf **wen** verlässt du dich denn, dass du **von mir** (dem König von Assyrien!) abtrünnig geworden bist?" (V. 20). „Verlässt du dich auf Ägypten? (Hiskia hatte tatsächlich Ägypten um Hilfe gebeten – V. 21) oder verlässt du dich gar auf den HERRN?"

Gehen wir an dieser Stelle einmal in uns und stellen uns selbst diese Frage: Auf wen oder was verlassen wir uns (noch)? Verlassen wir uns auf Babylon? Ehrliche Antwort? Ja, ich verlasse mich (noch) auf die Systeme. Es geht scheinbar (noch) nicht anders. Und wenn wir uns aufmachen, aus den Gefängnissen Babylons herauszukommen, indem wir unser Vertrauen ganz auf unseren Gott, unseren Elohim setzen, zieht der Feind herauf und belagert uns, um das möglichst zu verhindern, um uns zu zeigen: Ich bin stärker als dein Gott. Er belagert uns, stellt uns infrage, verunsichert uns, so wie die Schlange es am Anfang auch getan hat. Es gibt eben nichts Neues unter der Sonne.

Der König von Assyrien fährt dabei nicht nur eine einzige Strategie (die der psychologischen Kampfführung), nein, er macht auch Vorschläge zur Güte, er bietet „Freundschaft" an, **wenn** man denn zu ihm herauskommt: ... kommt zu mir heraus ... Das ist die Bedingung. Er benutzt hier sogar äußerst ähnliche Worte, wie Gott sie zu Seinem Volk gesprochen hat: „Komm heraus aus ihr, mein Volk!" Gott ruft heraus, Er ruft uns aus den babylonischen Systemen heraus. Aber auch der Feind ruft heraus: Er ruft heraus

aus Jerusalem, heraus aus dem Vertrauen auf Gott, heraus aus dem Glauben, heraus aus dem Geist, heraus aus dem Wort, heraus aus dem, was Gott gesagt hat, heraus, heraus, heraus – zu ihm, dem Antichristen, dem Feind, dem Gegenspieler des einzig wahren Gottes. **Wenn** ihr herauskommt und Freundschaft mit mir schließt, dann **gebe** ich euch: Weinstock, Feigenbaum, Brunnen, Essen und Trinken usw., und ich hole euch in ein Land, das eurem Land gleich ist. Welch vermessene Lüge. Er fordert also auf, die Seiten zu wechseln, auf den anderen Ast zu hüpfen. Dabei malt er dem Volk ein Bild von einem satten Leben in einem satten „guten Land" statt Tod vor Augen – Leben durch Essen und Trinken (gegen die herrschende Hungersnot – V. 31). Es geht wieder einmal um Essen und Trinken, um Brot und Wasser, und das sowohl in natürlicher als auch in geistlicher Hinsicht. Das alles bekommen sie aber nur, wenn sie zu **ihm** herauskommen. Das erinnert mich schon wieder an die Torheit, die an der Kreuzung des Weges steht, ruft und anbietet, was man zum „Leben" und darüber hinaus braucht, wenn man denn zu **ihr** kommt, zu ihr hineingeht, sich für **sie** entscheidet. Was man dann aber letztendlich bei oder von ihr erhält, ist nichts anderes als der Tod. Genau so bietet auch der König von Assyrien „Köstlichkeiten" an wie Korn, Wein, Brot, Weinberge, Ölbäume, Honig (Honig versinnbildlicht das Wort Gottes) und ist dazu noch so vermessen zu erklären, dass <u>Hiskia</u> das Volk verführt, obwohl Sanherib doch gerade selbst dabei ist, Hiskia samt dem Volk zu verführen. Er verleumdet Hiskia, um das Volk gegen den König aufzubringen und es auf seine Seite zu ziehen:

20 So spricht der König: Lasst euch von Hiskia nicht betrügen, denn er vermag euch nicht zu erretten aus meiner Hand.

30 Und lasst euch von Hiskia nicht vertrösten auf den HERRN, wenn er sagt: Der Herr wird uns erretten und diese Stadt wird nicht in die Hände des Königs von Assyrien gegeben werden.

31 Hört nicht auf Hiskia! Denn so spricht der König von Assyrien: Schließt Freundschaft mit mir und kommt zu mir heraus ...

Freundschaft gegen Kapitulation. Da riecht man doch förmlich Lunte. Wenn wir diese Geschichte in der Bibel lesen, sehen wir natürlich sofort, wer hier der Gute und wer der Böse ist. Können wir das aber auch im wirklichen Leben präzise unterscheiden? Es ist von außen betrachtet nicht immer alles so offensichtlich wie in dieser Geschichte. Wo kommt die Schlange auf uns zu und bietet uns all die guten Sachen, die wir zum Leben brauchen, an und lockt uns unbemerkt heraus aus unserem Vertrauen auf den Herrn? Und schon sind wir auf den anderen Ast gehüpft. Oft merken wir es erst, wenn es schon zu spät ist, da uns ja ein sogenannter Freund ein super Angebot gemacht und Hilfe in Aussicht gestellt hat.

Der Rabschake stellt den König von Assyrien und dessen Heeresmacht als allmächtig hin, indem er erklärt, dass keiner von den Göttern der Völker auch nur irgendeines dieser Völker hat retten können vor der Heeresmacht der Assyrer, und dass selbst der Herr Jerusalem nicht wird retten können. Dass er hier den wahren Gott auf die gleiche Stufe mit den Götzen der Völker stellt, ist zu allem anderen eine ungeheuerliche Lästerung des Namens und der Person Gottes und es entbehrt jeglicher Furcht vor dem Herrn.

Wie reagiert Hiskia auf diese Verleumdungen, diese Drohungen und falschen Versprechen? Er zerreißt seine Kleider, womit er Abscheu und Entsetzen über diese Gotteslästerung zum Ausdruck bringt. Er zerreißt seine Kleider, legt einen Sack an und geht in das Haus des Herrn.

Wir leben in einer Welt, wo viele Menschen um uns herum mit Worten oder Taten den allmächtigen Gott unaufhörlich lästern, meistens ganz bewusst und mit Absicht, aber auch unbewusst. Wir haben „gerade" eine „Plage" hinter uns. War das nicht eine Zeit der Verleumdungen, der Drohungen und der falschen Versprechungen? Wie sind wir damit umgegangen? War unsere erste

Reaktion die, uns an den Herrn zu wenden, ins Haus des Herrn zu gehen? In unseren Geist, ins Gebet oder zu Gleichgesinnten? Hiskia schickt zum Propheten Jesaja, zu einem Mann Gottes, wie die Bibel die Propheten bezeichnet. Mit wem teilen wir unsere Probleme? Gehen wir zu „egal wem", Hauptsache, ich kann mir den Kropf leeren? Oder gehen wir zu solchen, die den Herrn kennen, die vom Herrn hören und die uns ehrlich sagen, was Sache ist? Zu solchen, die gleichen Sinnes sind und dem Herrn von ganzem Herzen nachfolgen?

Jesaja kann die von Hiskia zu ihm Gesandten mit einem Wort vom Herrn beruhigen.

Und was der Feind Hiskia jetzt durch einen von seinen Boten gebrachten Brief sagen lässt, überschreitet das Maß an Dreistigkeit bei Weitem. Er stellt Gott als Betrüger hin. In Jesaja 37,10–11 lesen wir Folgendes: *Sagt Hiskia, dem König von Juda: Lass dich durch deinen Gott nicht betrügen, auf den du dich verlässt und sprichst: Jerusalem wird nicht in die Hand des Königs von Assyrien gegeben werden. Siehe, du hast gehört, was die Könige von Assyrien* **allen** *Ländern getan haben, dass sie den Bann an ihnen vollstreckten, und du allein solltest errettet werden?*

Der Feind will, dass Hiskia Gott und Seine Macht anzweifelt, indem er ihm vermittelt: „Ich kriege dich, ich habe auch alle anderen gekriegt – du wirst keine Ausnahme sein." Der Feind ist sich seiner Sache so sicher, weil er nicht weiß, weil er nicht erkannt hat, mit wem er es hier tatsächlich zu tun hat, denn die Götter der anderen Völker haben ja auch wirklich nichts gegen Sanherib und die anderen Könige Assyriens vor ihm ausrichten können. Er hatte alle Völker samt ihren Göttern besiegt.

Wie reagiert Hiskia auf diese weitere briefliche Einschüchterung? Er reagiert wie gehabt. Er geht ins Haus des Herrn, breitet den Brief vor JHWH aus und betet. Und **das Erste**, was er zu JHWH sagt, ist: „HERR, Gott Israels, der du über den Cherubim thronst, **Du bist allein Gott über alle** Königreiche (über alle Systeme) auf Erden …"

Der König von Assyrien wollte Hiskia klarmachen, dass er selbst der alleinige Gott und Herrscher über alle Völker sei. Welch eine Vermessenheit. Das sollte dem Volk während einer Plage auch vor

Augen geführt werden, dass es da nämlich „jemanden" gibt, der über die ganze Welt herrschen kann, wenn er das denn wollte.

Wie reagieren wir, wenn wir uns in einer (scheinbar) aussichtslosen Situation (wie Hiskia und das Volk) befinden, und der Feind kommt, um uns einzuschüchtern? Vertrauen wir dann dem Herrn und Seinem Wort, vertrauen wir auf das, was Er uns zugesagt hat (Psalm 33,4)? Da, wo wir dem Wort nicht glauben, stellen auch wir Gott als Betrüger hin.

Hiskia stellt das vor Gott klar: **„Du bist allein Gott** (der Herrscher).**"** Der Feind will mittels der Systeme über uns herrschen, und offensichtlich tut er das auch. Wir sind uns dessen nur nicht bewusst. Vielleicht sollten wir die Worte aus Hiskias Gebet übernehmen und proklamieren: Du allein bist Gott! Errette uns aus seiner Hand, damit alle Königreiche auf Erden erkennen, dass Du, Herr, allein Gott bist. Errette uns aus den Systemen, damit alle erkennen, dass Du, Herr, **allein** Gott bist! Dass Du auf unserer Seite bist, dass Du uns errettest, versorgst, heilst, führst, leitest; dass Du uns im Kampf verteidigst. Du allein bist Gott, errette uns von den System-Götzen.

Bei diesem Kampf im Universum ging und geht es noch immer darum, wer Gott ist, d. h., wer im Universum der Herr, der Herrscher, ist, und wem wir unser Herz zuneigen. Der Kampf geht um die Anbetung und um die Menschenseelen.

In Sprüche 3,5 lesen wir:

> **Verlass dich auf den Herrn von ganzem Herzen und verlass dich nicht auf deinen Verstand** (verlass dich auch nicht auf die Systeme, sie werden doch alle erschüttert), **sondern gedenke an ihn in allen deinen Wegen** (hinsichtlich all deiner Wege in den Systemen)**, so wird er dich recht führen** (nämlich heraus aus den Systemen).

Kapitel 6

Bild

Daniel 2,31-35

31 Du, o König, schautest: und siehe, **ein großes Bild**! Dieses Bild war gewaltig und sein Glanz außergewöhnlich; es stand vor dir, und sein Aussehen war furchtbar.

32 Dieses **Bild**, sein Haupt war aus feinem Gold, seine Brust und seine Arme aus Silber, sein Bauch und seine Lenden aus Bronze,

33 seine Schenkel aus Eisen, seine Füße teils aus Eisen und teils aus Ton.

34 Du schautest, bis ein Stein losbrach, (und zwar) nicht durch Hände, und das Bild an seinen Füßen aus Eisen und Ton traf und sie zermalmte.

35 Da wurde zugleich das Eisen, der Ton, die Bronze, das Silber und das Gold zermalmt, und sie wurden wie Spreu aus den Sommertennen; und der Wind führte sie fort, und es war keinerlei Spur mehr von ihnen zu finden. Und der Stein, der das **Bild** zerschlagen hatte, wurde zu einem großen Berg und erfüllte die ganze Erde.

Offenbarung 13,11-16

11 Und ich sah ein anderes Tier aus der Erde aufsteigen: und es hatte zwei Hörner gleich einem Lamm und es redete wie ein Drache.

12 Und die ganze Macht des ersten Tieres übt es vor ihm aus, und es veranlaßt die Erde und die auf ihr wohnen, daß sie das erste Tier anbeten, dessen Todeswunde geheilt wurde.

13 Und es tut große Zeichen, daß es selbst Feuer vom Himmel vor den Menschen auf die Erde herabkommen läßt;

14 und es verführt die, welche auf der Erde wohnen, wegen der Zeichen, die vor dem Tier zu tun ihm gegeben wurde, und es sagt denen, die auf der Erde wohnen, dem Tier, das die Wunde des Schwertes hat und (wieder) lebendig geworden ist, ein **Bild** zu machen.

15 Und es wurde ihm gegeben, dem **Bild** des Tieres Odem zu geben, so daß das **Bild** des Tieres sogar redete und bewirkte, daß alle getötet wurden, die das **Bild** des Tieres nicht anbeteten.

Damit wir verstehen können, was es mit den Systemen, aus denen wir nach Offenbarung 18,4 aufgefordert sind herauszukommen, auf sich hat, wollen wir das Bild des Tieres aus Daniel 2 und das Tier, das Johannes im Buch der Offenbarung Kapitel 13 sieht, etwas näher betrachten. Man muss sich zuerst mit dem ersten Tierreich befassen, damit man danach auch das letzte Tierreich verstehen kann.

Offenbarung 13,1-6.14

1 Und ich sah aus dem Meer (aus dem Völkermeer) ein Tier (ein Reich/ein neues Weltreich) aufsteigen, das **zehn** Hörner und **sieben** Köpfe (10 mal 7 = 70; die Zahl 70 steht für die Nationen) hatte, und auf seinen Hörnern zehn Diademe und auf seinen Köpfen Namen der Lästerung.

2 Und das Tier(reich), das ich sah, war gleich einem Panther (oder Leopard) und seine Füße wie die eines Bären und sein Maul wie eines Löwen Maul (es setzt sich zusammen aus allen anderen Reichen vor ihm). Und der Drache gab ihm (dem Weltreich der Systeme) seine Kraft und seinen Thron und große Macht (es herrscht über alles).

3 Und (ich sah) einen seiner Köpfe (das Weltwirtschaftssystem) wie zum Tod geschlachtet. Und seine Todeswunde wurde geheilt, und die ganze Erde staunte hinter dem Tier her.

4 Und sie beteten den Drachen an, weil er dem Tier(reich) die Macht gab, und sie beteten das Tier(reich) an und sagten: Wer ist dem Tier gleich? Und wer kann mit ihm kämpfen (Krieg führen)?

5 Und es wurde ihm ein Mund gegeben, der große Dinge und Lästerungen redete, und es wurde ihm Macht gegeben, 42 Monate zu wirken.

6 Und es öffnete seinen Mund zu Lästerungen gegen Gott, um seinen Namen und sein Zelt (und) die, welche im Himmel wohnen (damit sind nicht Tote gemeint), zu lästern.

14 Und es (das letzte Tier) verführt die, welche auf der Erde wohnen, wegen der Zeichen, die **vor** (bzw. in der Gegenwart von) dem **ersten** Tier zu tun ihm gegeben wurde, und es sagt denen, die auf der Erde wohnen, dem Tier, das die Wunde des Schwertes hat und (wieder) lebendig geworden ist, ein **Bild** zu machen.

Wir wollen an dieser Stelle kurz eine Liste der Symbole erstellen, die wir dann auf den Abschnitt Offenbarung 13 anwenden, um ein wenig Licht in diese mysteriöse Beschreibung zu bringen.

Meer	Völker
Tier	Reich
Hörner und Köpfe	Systeme
Panther (Leopard)	Weltreich der Systeme
Kronen und Diademe	Herrschaft und Macht
Namen der Lästerung	Bezeichnungen (oder Benennungen) der Systeme

Die Hörner und Köpfe aus Vers 1 weisen auf die Systeme hin. Diese Systeme, insbesondere ihre Namen, lästern Gott, weil sie Ihn ersetzen (wollen), weil sie Ihm hohnsprechen, Ihm die Macht absprechen. Nehmen wir z. B. das System der Medizin oder das Gesundheitssystem. Es ersetzt zum einen Gottes Wort, denn Gottes

Wort ist unsere wahre Medizin, und zum anderen ersetzt es Gott selbst, denn allein Er ist unser wahrer Arzt. Und die Namen der Systeme lästern Gott, weil sie Ihn ersetzen wollen und sollen und Ihn für die Menschen der Welt sichtlich und spürbar auch ersetzt haben.

Die Kronen und Diademe bedeuten Macht und Herrschaft. Das zeigt, dass die Systeme Macht und Kontrolle über uns ausüben.

In Vers 2 wird das Tier als Leopard beschrieben. Die Flecken des Leoparden oder Panthers weisen auf die Systeme hin. Vers 2 macht weiterhin deutlich, dass sich dieses Tier alle Elemente der anderen Reiche einverleibt hat und damit zu einem „Welt-Einheitsreich der Systeme" geworden ist. Die Köpfe und Hörner weisen ebenfalls auf die Systeme hin. In Vers 3 lesen wir, dass eines seiner Köpfe geschlachtet worden war. Es kommt also eine Zeit, wo eines dieser Systeme, möglicherweise das Wirtschaftssystem (denn Babylon wird in der Hauptsache als Wirtschaftssystem gesehen), zusammenbricht. Doch Babylons Todeswunde wird noch einmal geheilt.

Kommen wir jetzt zu Vers 14 und damit zum letzten Tier. Das **letzte** Tier tut Zeichen **vor** (bzw. in der Gegenwart von) dem **ersten** Tier. Mit diesen Zeichen verführt das letzte Tier die Menschen auf der Erde. Das erste Tierreich des Bildes aus der Vision Nebukadnezars ist Babylon (der Löwe), das Löwenreich, und das letzte Tierreich ist Rom; ich nenne es hier einmal „das Monster- oder Systeme-Reich".

In Offenbarung 14,8 lesen wir: Sie ist gefallen, sie ist gefallen, Babylon, die große Stadt ... Die Wiederholung des Wortes „gefallen" macht deutlich, dass Babylon sozusagen zweimal fällt, und zwar in dem ersten Tierreich Babylon und dem letzten Tierreich Rom. In Jesaja 21,9 und 11 spielt Jesaja auf das letzte Tierreich an:

> 9 Gefallen ist Babel, es ist gefallen, und alle Bilder seiner Götter sind zu Boden geschlagen!

> 11 Dies ist die Last für Duma (Edom): Man ruft zu mir aus Seïr ...

Edom und Seïr bezieht sich auf Esau, und Esau (der Rote) entspricht dem letzten Tierreich Rom. In Offenbarung 17,3 sitzt Babylon, das goldene Haupt oder erste Tierreich des Bildes, auf einem (scharlach)roten Tier, dem Roten oder Rom. Wir sehen also, dass es hier um das Römische Reich geht. Jetzt sagst du vielleicht: Moment mal, das Römische Reich? Das gibt es doch gar nicht mehr. Das stimmt so aber nicht. Warum nicht? Weil die Systeme dieser vier Reiche in den Nationen erhalten geblieben und dort sogar noch weiterentwickelt worden sind. Die Nationen haben Elemente oder Systeme aus jedem der Tierreiche übernommen und halten jetzt daran fest. Demnach ist das Römische Reich nicht total verschwunden.

In dem großen Bild, das Nebukadnezar in seinem Traum sah, war er selbst das goldene Haupt. In seiner Vision sieht er das Bild eines Mannes, dessen Haupt aus Gold ist. Dieses Haupt steht für das erste Königreich, das fallen wird. Sie ist gefallen, sie ist gefallen, Babylon, die große Stadt … Dass hier das Wort „gefallen" zweimal steht, soll darauf aufmerksam machen, dass das anfängliche oder erste Babylon auch im letzten Tierreich noch präsent ist, denn wir haben gelesen, dass das letzte Tier verführerische Zeichen **vor** (d. h. in der Gegenwart von) dem ersten Tier, Babylon, tut. Babylon wird also fallen, fallen. Babylon ist in der Vergangenheit gefallen und Babylon wird in der Zukunft fallen, und zwar indem Rom fällt. Denn Rom ist Teil des **einen** Bildes. Es ist nur e i n Bild. Dass es das Bild **eines** Menschen ist, zeigt, dass diese Tierreiche eine Art Einheit bilden. Das können wir besser verstehen, wenn wir die erste Vision Nebukadnezars zuerst betrachten, jene Vision, in der er selbst das goldene Haupt ist (der Löwe). Die silberne Brust mit den Armen ist Medo-Persien (der Bär). Der Bauch und seine Lenden aus Bronze beziehen sich auf Griechenland (den Leoparden). Zum Schluss sieht Nebukadnezar die eisernen Schenkel und Beine Roms. Doch dieses Tier (ohne Namen) – Rom – ist ein schreckliches Monster, ein Mischmasch oder Konglomerat, das sich aus allen drei vorherigen Tieren (Reichen) zusammensetzt (Offenbarung 13,2).

Daniel legt Nebukadnezar dessen Vision der Königreiche aus. Er erklärt ihm, dass er, Nebukadnezar, das goldene Haupt ist, er aber von Medo-Persien besiegt werden wird; dass Medo-Persien wiederum von Griechenland besiegt werden wird und Griechenland von Rom. Nachdem dann auch das Römische Reich zerbrochen ist, erscheinen die Nationen auf der Bildfläche. Obwohl zerbrochen, lebt das Römische Reich dennoch weiter. Wie? Es lebt weiter in den Systemen, die es an die Nationen der Erde weitergegeben hat. D. h., dass das Tier Rom jetzt durch die Systeme in den Nationen weiterwirken kann. Es braucht dazu nun kein spezielles Land mehr. Es verseucht jetzt **alle** Nationen.

Dieses Bild der Vision Nebukadnezars von den vier Reichen ist das Bild eines Menschen und gleichzeitig auch das Bild des Tieres. Das Tier bezeichnet ein Reich. Das letzte oder vierte Reich des Bildes aus dem Propheten Daniel ist – wie wir schon gesehen haben – Rom. Die aus Eisen und Ton gemischten **Füße** dieses Bildes stehen für die Systeme, die sich über die ganze Welt ausgebreitet haben und so zu einem „Welt-Einheitsreich der Systeme" geworden sind. Dieses Weltreich der Systeme (dieses letzte Tier) hat neben vielen, vielen anderen Systemen das System der Wirtschaft und des kommerziellen Handels, welches das wichtigste und oberste der Systeme ist, unter seiner Kontrolle. Dazu später mehr.

Kommen wir zurück zu Nebukadnezar. Weil Nebukadnezar nicht verlieren wollte, hat er seine Vision von den **vier** Reichen schnell einmal seinem Wunsch nach **einem** bleibenden, ewigen Reich angepasst. Dafür lässt er ein Bild machen, das in seiner Gänze aus Gold besteht. Sein Gedanke dahinter: Wird sich jetzt jeder Vertreter aus den verschiedenen Nationen vor M E I N E M goldenen Bild beugen und dieses Bild, das in seiner Gänze aus Gold ist, anbeten, wird mich das zum Herrscher über die ganze Welt, einschließlich Israels, machen? Wir wissen, das hat nicht geklappt. Nebukadnezar hat zwar vorübergehend Buße getan, Gott musste ihn dazu aber erst einmal völlig brechen.

Dieses Prinzip des Zerbrochen-Werdens finden wir im Buch der Offenbarung wieder. Dort ist die Rede von Menschen, die nicht Buße tun wollen, Menschen die „lauwarm" sind und darüber Buße tun sollten. Möglicherweise kennst du Jeschua, bist aber lauwarm, wenn es darum geht, IHN zu lieben und Seine Gebote zu halten. Wenn das so ist, dann tue Buße! Willst du vor dem in der Offenbarung beschriebenen Gericht bewahrt werden, musst du jetzt Buße tun. Schiebe es nicht auf, denn ansonsten wird Jeschua dich aus Seinem Mund ausspeien. Die Offenbarung beschreibt Menschen, die einfach nicht Buße tun wollen, sich aufgrund ihrer Lauheit von Gott abwenden und das Bild des Tieres anbeten. Aus diesem Grund werden sie zerbrochen, wie auch Nebukadnezar völlig zerbrochen wurde.

Wir haben gesehen, was die Wiederholung des Wortes „gefallen" bedeutet. Wenn Babylon, die Große, fällt, fällt, fallen alle anderen Tierreiche mit ihr, denn es ist ja nur **ein** Bild: **vier** Reiche, aber **ein** Bild. **Alles** – angefangen bei Babylon, über Medo-Persien, Griechenland bis hin zu Rom und jedem System innerhalb der Nationen –, **alles wird fallen**. Wenn das goldene babylonische Haupt fällt, fallen auch die römischen Füße. Wenn die römischen Füße fallen, fällt auch das goldene babylonische Haupt. Es **wird** fallen, fallen: das erste Reich und auch das letzte Reich. Wenn das letzte Tier (Rom) seine Zeichen **vor** dem ersten Tier (Babylon) tut, müssen beide fallen, fallen! Babylon und Rom – das erste und das letzte Tierreich. Die Füße gehen dorthin, wo das Haupt sie hinschickt. So funktioniert der menschliche Leib und so funktioniert auch das Tier.

Wir sahen: Edom ist Rom, das letzte Tierreich. Und seine Füße, die auf der Erde stehen, sind mit Ton vermischt, d. h. mit den Völkern dieser Erde. Diese Füße und Zehen aus Eisen und Ton stehen für die beiden letzten Systeme, die aus den zwei eisernen Beinen hervorgekommen sind. Man kann diese Systeme zurückverfolgen vom Römischen Reich bis zum Heiligen Römischen Reich, das sich ausgesamt hat und aus dem dann Tausende und Abertausende von Systemen – wahrscheinlich noch weitaus mehr – hervorgekommen sind, Systeme wie Religion, Regierungen, Militär, Politik, Bildungswesen, Medizin, Medien und, und, und. Und jedes einzelne dieser Systeme bindet die Menschen an sich. Oftmals bekämpfen sich diese Systeme sogar untereinander, um sich gegenseitig zu zerstören; oder das eine versucht sich das andere einzuverleiben.

Wir leben im „zweiten babylonischen Exil" und werden hier unter den Nationen von den Töchtern Roms in ihren tierischen Systemen gefangen gehalten. Israel aber hat die Möglichkeit, aus dem Exil, aus der Nacht, in der wir uns befinden, herauszukommen und frei von dem Tier und seinen Systemen in den anbrechenden Morgen zu gehen – frei von dem Tier und von Babylon, der Großen, frei von den Füßen und frei von dem Haupt des Bildes.

Die Tierreiche der Welt fahren ihren Kurs. Babylon, Medo-Persien, Griechenland und Rom sind zwar aufgestiegen, sie sind aber auch wieder gefallen. Wir befinden uns heute auf der „Bild-Position" der eisernen und tönernen Füße Roms. Unsere gegenwärtige Generation ist immer noch mit vielen Systemen der Töchterreiche Roms vermischt. Wenn wir aus Babylon herauskommen, kommen wir heraus aus dem gesamten Bild der Tierreiche. Komm heraus aus ihr, mein Volk!

Die Systeme Roms spiegeln sich – wie wir schon sahen – in den Nationen auf der ganzen Welt wider, z. B. im Militär, in der Wirtschaft, in der Politik, in der Regierung, in der Philosophie, in der Medizin, im Bildungswesen, im Sport usw. Und jedes Tierreich hat seine ihm eigenen Systeme an das nachfolgende Reich weitergegeben, damit sie von dem Nachfolger einverleibt und weiterentwickelt werden konnten. **Und gleichzeitig hat jedes dieser Reiche Jerusalem zerstört!**

Wer sich aus Israel oder den Nationen an dieses rote Tier klammert und auf diesen Systemen der Kontrolle über die Nationen „sitzt", wird unter das in der Offenbarung beschriebene schreckliche Gericht fallen.

Offenbarung 6,15-17

15 Und die Könige der Erde und die Großen und die Obersten und die Reichen und die Mächtigen und jeder Sklave und Freie verbargen sich in die Höhlen und in die Felsen der Berge;

16 und sie sagen zu den Bergen und zu den Felsen: Fallt auf uns und verbergt uns vor dem Angesicht dessen, der auf dem Thron sitzt, und vor dem Zorn des Lammes!

17 Denn gekommen ist der große Tag ihres Zorns. Und wer vermag zu bestehen?

Während alles zerbricht und die Systeme zerschlagen werden, werden sich die bösartigen Menschen in die Höhlen und Felsen verkriechen, also in die von ihnen gemachten Systeme. Dadurch dass diese Systeme, in denen sie sich verstecken, zerschlagen werden, wird ihre Nacktheit hinsichtlich ihrer Bosheit, mit der sie diese Systeme betrieben haben und bislang noch betreiben, offengelegt. Sie werden völlig bloß- und ins Licht gestellt. Auch ihre sogenannte Einheit, die durch die Systeme gegeben war – internationaler Handel und Verkehr; Handelsabkommen und sonstige Abkommen und vieles mehr –, wird mit dem Zerschlagen der Systeme ebenfalls zerstört. Die Füße zerbröckeln bereits.

Am Ende wird dieses Bild von dem Stein, dem König Messias, zerschlagen. Und alle Reiche, die mit dem goldenen Haupt Babylon verbunden sind, werden fallen – vom Kopf angefangen bis hin zu den Füßen! Halleluja!

Noch ein kurzes Schlusswort.

Bei diesem Systemeproblem geht es um einen ganz bestimmten Angelpunkt, um den sich alles dreht: **VERTRAUEN**!

Die Systeme wollen nicht nur von Gott ablenken, sie wollen Gott, unseren Elohim, total ersetzen und damit ausschalten – und das haben sie scheinbar in vielen Bereichen auch schon getan. Wir sollen unser Vertrauen ganz auf sie setzen, auf diese Götzen-Systeme. Götzen wollen Gott immer ersetzen, sie stellen sich immer über Gott und wollen den Menschen voll und ganz unter ihre Kontrolle bringen. Aus diesem Grund bringt Gott dann eine Hungersnot, eine Wirtschaftskrise oder eine Plage, damit der Mensch sich besinnt und erkennt, dass er sich auf diese Systeme, diese Götzen nun eben doch nicht verlassen kann. In der Politik

z. B. geben die Politiker vor, die Lösung für die oben genannten und auch alle anderen Probleme der Welt zu haben. Deshalb soll man wählen. Im Grunde ist das nichts anderes, als dass sie sich zu Gott machen, indem sie eine sogenannte Lösung anbieten. Wir werden aufgefordert, uns auf sie anstatt auf Gott zu verlassen, wir sollen Gott außer Acht lassen. Aber selbst wenn man in den Krieg ziehen muss, kann und sollte man sich nicht in erster Linie auf das Militär verlassen, sondern wie ein Hiskia zu Gott schreien, denn selbst der Kampf ist nicht unsere Sache, sondern die Gottes (2. Chronik 20,15, EÜ). In diesem Universum herrscht Krieg. Und hinter allem steht die Frage: Auf wen oder was verlasse ich mich? Auf wen vertraue ich?

Zum Schluss noch eine Warnung:

Babylon ist eine Hure, und wer einer Hure anhängt, ist ein Leib mit ihr. Kommen wir aber aus dem Geist der Hurerei heraus und hängen wir allein dem Herrn an, dann sind wir auch **ein Geist mit IHM.**

> Oder wisst ihr nicht, daß wer der Hure anhängt, **ein** Leib (mit ihr) ist? ... Wer aber dem Herrn anhängt, ist **ein** Geist (mit ihm).
>
> (1. Korinther 6,16–17)

Komm heraus aus ihr, mein Volk!

Kapitel 7
Götzen

4 Du sollst dir kein Götter**bild** machen, auch keinerlei Ab**bild** dessen, was oben im Himmel oder was unten auf der Erde oder was in den Wassern unter der Erde ist.

5 Du sollst dich vor ihnen nicht niederwerfen und ihnen nicht dienen. Denn ich, der Herr, dein Gott, bin ein eifersüchtiger Gott ...

3. Mose 26,1

Ihr sollt euch keine Götzen machen, und ein Götter**bild** und einen Gedenkstein sollt ihr euch nicht aufrichten, und keinen Stein mit **Bild**werk sollt ihr in eurem Land hinstellen, um euch davor anbetend niederzuwerfen, denn ich bin der HERR, euer Gott.

2. Mose 34,17

Gegossene Götter sollst du dir nicht machen. (Das goldene Kalb wurde gegossen.)

Matthäus 6,24

Niemand kann **zwei Herren dienen**; denn entweder wird er den einen hassen und den anderen lieben, oder er wird einem anhängen und den anderen verachten. Ihr könnt nicht Gott dienen **und** dem Mammon.

Du sollst dich **ungeteilt** an den HERRN, deinen Gott, halten.

Darum, meine Geliebten, flieht den Götzendienst!

In diesem Kapitel wollen wir der Frage nachgehen, was es mit Götzen auf sich hat. In den obigen Schriftstellen werden verschiedene Arten von Götzen beschrieben: aus Holz geschnitzte, aus Stein gehauene, in eine Form gegossene Götzen; und in Psalm 115,4 ist die Rede von Götzen aus Silber und Gold.

Wenn wir mal in diese Beschreibungen ein wenig reinhören, erkennen wir, dass es richtig harte Arbeit ist, einen Götzen zu erschaffen. Ein Götze macht es dem Menschen also nicht leicht. Deshalb muss der Mensch heute hart arbeiten. Vor dem Fall hat der Mensch den Garten bebaut – das war seine für ihn von Gott bestimmte Arbeit. Ich bin mir aber sicher, dass ihm diese Arbeit leicht von der Hand gegangen ist. Sie machte ihm keinerlei Mühe, sondern vielmehr Freude. Nach dem Fall jedoch war der Erdboden verflucht, brachte Dornen und Disteln hervor, und Gott erklärte dem Menschen: „Mit Mühsal sollst du dich von ihm nähren dein Leben lang" (1. Mose 3,17b). Davor – vor dem Fall – bebaute er den Garten mit Leichtigkeit und Freude, um davon zu essen. Danach aber kostete die Bearbeitung des Erdbodens viel Mühe und Schweiß.

So hat der Mensch das Schulsystem erfunden, damit er etwas lernt, um das Gelernte dann in seiner harten Arbeit einzusetzen. Arbeit, die er, ohne Entsprechendes gelernt zu haben, nicht in der Lage sein würde auszuführen. Im Garten vor dem Fall musste der Mensch nicht lange überlegen, er wusste genau, wie der Garten zu bebauen war. Und das Bebauen selbst war für ihn eine Leichtigkeit. Gott hatte den Menschen nämlich mit einer Hyperintelligenz ausgestattet. Denken wir nur einmal an die Millionen von verschiedenen Tierarten, von denen der Mensch jedem einzelnen Tier seinen Namen gab (auch den Tieren im Wasser!) – unvorstellbar nach unserem heutigen Intelligenzquotienten. Heute gibt es Menschen, die darauf aus sind, aus dem Menschen wieder so eine Hyperintelligenz zu machen – diesmal allerdings ohne Gott. Dabei möchte ich es an dieser Stelle belassen und zurückkommen zur Beschreibung der Götzen.

Wie sehen Götzen aus, woran erkennen wir sie? Wer oder was steht hinter ihnen? Und wie werden wir sie wieder los, sofern wir sie denn überhaupt loswerden wollen oder können? Verschiedene Lexika definieren Götzendienst als Anbetung von Götzen oder exessive Hingabe an oder Verehrung von etwas, einer Person oder einer Sache. Eine biblische Definition lautet: Götzendienst umfasst jeglichen Wert, jegliche Ideologie, jegliche Beziehung und jede Sache, die die absolute **VORRANGSTELLUNG**, welche allein JHWH gehört, infrage stellt oder unterminiert.

Ein Götze will (letztendlich) immer und wird auch immer – wenn man ihn denn lässt – Gott ersetzen und denjenigen, der sich auf ihn, den Götzen, einlässt, unter seine Gewalt zwingen. Ein Götze will selbst Gott sein und über den Menschen herrschen. Das ist sein Ziel. Und wie macht er das? Er gaukelt dem Menschen vor, dass er unentbehrlich ist, dass er dem Menschen alles und noch weit mehr geben kann, was dieser braucht und wonach es ihn verlangt; und er überzeugt den Menschen davon, dass er ohne ihn, ohne diesen ganz speziellen Götzen, nicht mehr auskommt. Darauf läuft es am Ende dann auch hinaus. Für jede Not, für jede Lebensnotwendigkeit, für jedes Bedürfnis hält der Feind einen passenden Götzen bereit. Oder sollte ich besser sagen: ein passendes System? Und es beginnt mit Ablenkung. Ablenkung wovon? Ablenkung von dem einzig wahren Gott, der **alles** für den Menschen sein will und es auch ist, wenn der Mensch IHN an die erste Stelle stellt – nur dann! (2. Mose 20,2; 5. Mose 6,4).

Mit den Götzen kommt eine ganz bestimmte Dynamik zum Tragen.

Das Wort Dynamik kommt aus dem Altgriechischen („dynamis") und bedeutet Kraft. Dynamik wird beschrieben als die Bewegung von Körpern in ihrer Abhängigkeit von einwirkenden Kräften.

Übertragen könnte das heißen, dass der Mensch nun, nachdem er sich auf diese Kräfte eingelassen hat, in seinem Tun und Lassen von diesen auf ihn einwirkenden Kräften abhängig wird und ist.

Die Bedeutung des Wortes Dynamik zeigt uns also, worum es im Kern bei den Götzen geht, nämlich um einwirkende, abhängig machende Kräfte. Kräfte, mittels derer die Götzen bewirken wollen, dass man sich an sie wendet, sich auf sie verlässt, sie „anbetet", sich mit ihnen verbindet, also ihnen „anhängt" und „ein Geist" mit ihnen wird, so wie man auch ein Geist mit Jeschua wird, wenn man IHM anhängt (1. Korinther 6,17). Und damit wollen die Götzen erreichen, dass man sich nach ihren Vorgaben richtet, wodurch sie zunehmend Macht über den Menschen gewinnen, so dass dieser total von ihnen abhängig wird und dadurch unter ihre Kontrolle gerät. Dabei geht der Götze wie folgt vor: Zuerst verführt oder verlockt er den Menschen, dann bindet er ihn an sich, um ihn am Schluss zu zerstören. Erinnert uns das an etwas?

Psalm 33, 16-17

16 *Einem König hilft nicht seine große Macht; ein Held kann sich nicht retten durch seine große Kraft.*

17 *Rosse helfen auch nicht; da wäre man betrogen; und ihre große Stärke errettet nicht.*

Diese große Kraft der Götzen ist eine betrügerische, verführerische Macht oder Kraft, die weder helfen noch erretten kann. Dieser Wirkkraft oder Macht der Götzen steht der Geist der Kraft Gottes entgegen. Der Geist der Kraft Gottes aber ist ein Geist, der sehr wohl helfen und erretten kann, wenn wir uns denn an **Ihn** um Hilfe wenden. In Lukas 10,19 heißt es: *Siehe, ich habe euch die Macht (Vollmacht) gegeben, auf Schlangen und Skorpione zu treten, und über die ganze Kraft (Dynamis) des Feindes, und nichts soll euch schaden.* Wir haben diesen Geist der Kraft von Gott schon empfangen, die Frage ist nur: Auf welche Kraft greifen wir zurück, welche Kraft nehmen wir bewusst oder unbewusst in Anspruch, wenn wir tatsächlich Hilfe brauchen? Lassen wir uns betrügen und setzen wir lieber auf Rosse?

Um das herauszufinden und um die Götzen in unserem alltäglichen Leben bloßzustellen, wollen wir untersuchen, wie Götzen aussehen, damit wir sie erkennen, wenn sie uns verführen wollen. Götzen verstecken sich nämlich. Sie kommen nicht einfach so daher und sagen: „Hier bin ich, ich bin der Götze Soundso, und wenn du mich anbetest, bekommst du, was ich bin. Ich gebe dir alles, was du brauchst." Nein, so gehen sie nicht vor. Sie kommen zwar ganz offen und bieten sich an, aber ohne dabei ihr wahres Gesicht zu zeigen und ohne durchblicken zu lassen, wer oder was in Wirklichkeit hinter ihnen steht. Wenn wir z. B. beten und auf eine Antwort von Gott warten, schaltet sich manchmal ein Götze (in unsere Gedanken) ein und sagt: „Hier bin ich. Ich bin die Antwort." Und weil wir (vielleicht noch) nicht unterscheiden können oder auch nicht warten können und uns der Umgang mit ihnen möglicherweise zur Gewohnheit geworden ist, fallen wir darauf rein.

Wie sehen Götzen also aus?

Jesaja 42,17

*Es weichen zurück, es werden völlig zuschanden (alle), die auf ein Götzen**bild** vertrauen, die zum gegossenen **Bild** sagen: Ihr seid unsere Götter.*

Jesaja 30,22

*Und ihr werdet entweihen (wir haben sie also irgendwann einmal „**ge**weiht") eure übersilberten Götzen und die goldenen Hüllen eurer Bilder und werdet sie wegwerfen wie Unrat und zu ihnen sagen: Hinaus! (LÜ).*

*Dann wirst du den Überzug deiner silbernen Schnitz**bilder** und die Bekleidung deiner goldenen Guss**bilder** unrein ma-*

chen. Du wirst sie wegwerfen wie etwas Unreines: Dreck! Wirst du dazu sagen (EÜ).

In den obigen Schriftstellen ist von Götzenbildern, Schnitzbildern und Gussbildern die Rede, von verschiedenen Materialien und Formen also. Die Götzen haben ein bestimmtes Aussehen und eine bestimmte Form, in die sie gegossen, geschnitzt oder gehauen worden sind oder auch noch werden. Jeder Götze hat also seine ihm eigene Erscheinungsform.

Manche Götzen sind in eine Form gegossen, wobei die Form die Art des Götzen widerspiegelt. Am Sinai war es die Form eines Kalbes (Stierkalb, ein ägyptischer Götze). Aaron goss das Bild eines Kalbes; und er goss dieses Bild, während Mose noch auf dem Berg war, um die wahre Gussform Gottes zu empfangen, eine Form, in die das Volk dem Plan Gottes entsprechend „gegossen" werden sollte. Doch der Feind hatte es in der Abwesenheit von Mose geschafft, das Volk vom ursprünglichen Plan Gottes abzulenken, es zur Unreinheit zu verführen und damit von Gott zu trennen. Das Wort „unrein" heißt auf Hebräisch „tamé" und bedeutet „sich verunreinigen, entehren, entweihen". In Kapitel 2 sahen wir, wie eminent wichtig es ist, zwischen heilig und unheilig, rein und unrein unterscheiden zu können (3. Mose 10,10), weil unser Gott ein **heiliger** Gott ist!

Als Mose vom Berg herabstieg und gewahr wurde, dass das Volk schon in eine andere Form gegossen worden war, zerbrach er **die** Form, die er für das Volk von Gott bekommen hatte. Gott möchte uns in Sein Bild gießen, umwandeln. Wir wurden durch Sünde in das Bild des Feindes gegossen, umgeformt, deshalb ist Jeschua gestorben, damit wir aus der falschen Form herauskommen und wieder in Sein Bild (in Seine Form) umgeformt, also umgewandelt werden können. Nur wenn wir uns von allem Unreinen reinigen, können wir auch umgewandelt werden in Sein Bild. Unreinheit bezieht sich in der Schrift vor allem auf Götzendienst (Hesekiel 20,7.30ff; 23,7; 36,18; 37,23) und Ehebruch (Hesekiel 5,11; 9,7; 20,26; 23,38). Und Götzendienst ist Ehebruch.

Die Systeme sind eine Form für die Götzen, oder anders gesagt: Die Götzen erscheinen in der Form der Systeme. Die Form der Götzen sind die Systeme. Jeder Götze hat – wie oben schon erklärt – eine ganz bestimmte Form. Das macht das jeweilige System für sich selbst ganz deutlich. Das System ist sozusagen die Bekleidung oder die Hülle des jeweiligen Götzen und damit nicht auf den ersten Blick als Götze erkenntlich. Das Wort „gegossen" heißt auf Hebräisch „massekah", und es wird in der Schrift wiedergegeben mit:

1. Gussbild (in Richter 17,4; Jesaja 30,22; 42,17) und
2. Bündnis, genannt nach dem Trankopfer und Gussopfer bei Vertragsabschluss (Jesaja 30,1).

Das Wort „massekah" kommt von „nasak", was „gießen oder **weihen**" bedeutet.

Mit dem Gießen wurde der Götze gleichzeitig auch geweiht.

In Jesaja 30,22 haben wir gelesen, dass wir die Götzen „entweihen" werden, was zeigt, dass wir diese Götzen irgendwann einmal „geweiht" haben.

Die Bedeutung von weihen und entweihen (nach Fritz Rienecker, Lexikon zur Bibel, 1960, R. Brockhaus Verlag, Wuppertal):

„weihen"

sich einer Sache hingeben

a) sich einer Sache eifrig widmen, völlig überlassen
b) einem Wahn nachhängen, verfallen
c) sich einer Sache oder jemandem oder etwas ganz und gar widmen, schenken

„entweihen"

entheiligen, profanisieren, schänden

a) etwas der Heiligkeit berauben
b) jemanden oder etwas entehren
c) jemandem oder einer Sache Schande antun

Diese Worterklärungen zeigen, wie sehr wir mit den Götzen, den Systemen, verwoben und verbunden sind. Wir sind ihnen regelrecht verfallen, ihnen ganz und gar hingegeben, sind ihnen völlig überlassen – ja, ihnen geweiht. Mir fällt gerade die Redewendung ein: „Einer Sache oder jemandem völlig auf den Leim gehen." Dazu muss ich wohl keine nähere Erklärung abgeben.

In Lukas 10,27 heißt es:

> **... Du sollst den Herrn, deinen Gott, lieben von ganzem Herzen, von ganzer Seele, von allen Kräften und von ganzem Gemüt.** („Gemüt" schließt nicht nur Gefühl, sondern auch Verstand, Vernunft, Gesinnung, Willen, Verlangen und Streben ein.)

Weshalb ruft uns der Herr heraus aus Babylons Systemen? Weil unser Herz nicht zwei Herren gleichzeitig dienen kann. Wir müssen an den Punkt gelangen, wo wir „unsere Bilder" entweihen, die Weihung rückgängig machen, weil wir erkannt haben, dass es profane Götzen sind, schändliche, unheilige und unreine tote Götzen und Geister, und sie hinauswerfen!

Wir wollen an dieser Stelle einen kleinen Exkurs machen und sehen, was es mit einem Bild auf sich hat (hier die sinngemäße Wiedergabe von Teilen eines Wikipedia-Artikels aus dem Jahr 2020):

» Was versteht man unter einem Bild?

„Flächige Darstellung von Personen und Dingen" (früher auch „Skulptur") sowie überhaupt „dem Auge sich darbietender Anblick" oder „nur in der Vorstellung wahrgenommene Erscheinung".

» Welche Funktion haben Bilder?

Sie können auf einen Blick und damit wesentlich rascher als sprachliche Botschaften aufgenommen werden. Zudem haben

Bilder ein großes Emotionalisierungspotenzial, da sie sowohl Emotionen direkt abbilden als auch durch die Art der Darstellung rasch und einfach Emotionen erzeugen können.

» Was vermitteln Bilder?

Bilder wecken Emotionen und Aufmerksamkeit. Sie können faszinieren, begeistern, beeindrucken, aber auch – wie es etwa die Werbung nutzt – schockieren. Sie ermöglichen Zugänge zu inneren, unbewussten Prozessen und zu Gefühlen, für die zunächst die Worte fehlen.
An Bilder erinnert sich der Mensch leichter als an Texte.
Bilder wecken Emotionen in uns, weil sie direkt unser limbisches System ansprechen. Das limbische System spielt eine zentrale Rolle bei der Entstehung, Verarbeitung und Regulierung von Emotionen.
Bilder erregen Aufmerksamkeit und vermitteln ein Thema schnell. Deshalb können sie Emotionen auslösen, Bedürfnisse wecken oder Assoziationen hervorrufen. Texte haben andere Stärken: Sie unterstützen und ergänzen die emotionale Wirkung der Bildmotive.

» Was kann ein Bild aussagen?

Bilder können informieren, schockieren, rühren, erschrecken, beruhigen. Bilder können Geschichten erzählen, nahezu immer wecken sie bestimmte Gefühle. Welche das sind, hängt vom bereits Gesehenen und von persönlichen Erfahrungen ab.

Zusammenfassung: Bilder wecken, lösen aus, erzeugen, lassen entstehen, verarbeiten, regulieren, bewirken Emotionen, und das abhängig vom bereits Gesehenen und von persönlichen Erfahrungen. Außerdem erregen sie Aufmerksamkeit. Das alles macht deutlich, dass und wie Bilder auf unsere Seele wirken. Sie sprechen unsere Seele an.

Die obigen Aussagen über das Bild waren mir wichtig, weil im Zusammenhang mit den Götzen immer wieder von einem Bild die

Rede ist und weil ein Bild die Seele anspricht. Denn wer oder was wir sind, bringen wir durch unsere Seele zum Ausdruck, durch unser Denken, Fühlen und Wollen – unsere Psyche. Unser Verstand enthält unsere Gedanken. Mit unserem Willen entscheiden wir, das zu tun, worüber wir nachgedacht haben. Und unsere Gefühle sind mitunter auch das Ergebnis unserer Gedanken und Entscheidungen.

Unser Denken, Fühlen und Wollen bringt zum Ausdruck, welche Rolle der Heilige Geist in unserem Leben spielt und welche Autorität Er über unsere „Seelenfunktionen" hat. Es ist äußerst wichtig, dass wir unseren Glauben nicht auf Gefühlen aufbauen. Aufgrund der Verzagtheit des Volkes wegen ihrer schweren Arbeit in Ägypten hörte es nicht auf Mose (2. Mose 6,9). Daraus können wir schließen, dass wir in mancher Hinsicht möglicherweise aufgrund von bestimmten Gefühlen für die Wahrheit taub sind. Gefühle fokussieren auf die Realität der gegenwärtigen Situation – nicht unbedingt auf Wahrheit. Von dem Moment an aber, wo man die Wahrheit akzeptiert, wird man sich auch nach und nach wieder besser „fühlen".

Welches Bild schauen wir an?

Der Götze möchte mit seinem Bild zunächst einmal unsere Aufmerksamkeit auf sich ziehen. Und wenn wir ihn dann anschauen, wobei „anschauen" auch „sich damit befassen, damit umgehen, sich darauf einlassen, Emotionen wecken lassen" und noch vieles mehr beinhaltet, weckt das bestimmte Gefühle in uns, ausgelöst durch das, was uns von diesem bestimmten Götzen vor Augen gemalt wird (**Galater 3,1!**). Das erinnert mich gerade an eine bestimmte Werbung. Ein Model, also eine sehr schöne Frau, macht Werbung für eine Kosmetik. Wenn wir dieses Model vor Augen haben, weckt sein Anblick in uns das Verlangen, auch so schön zu sein wie diese Frau. Uns wird vorgemacht, dass der Weg dahin über die Kosmetik führt. Und deshalb kaufen wir dann die Kosmetik. Wir verspüren das Verlangen, diesem „Bild", das uns vor Augen gemalt wird, zu entsprechen. Und um dieses Ziel zu erreichen, ist uns jedes Mittel recht, im wahrsten Sinne des Wortes (die Kosmetik).

Das Gleiche hat auch der Feind, der Götze, im Sinn. Er stellt sich uns vor als eine Sache oder eine Person, die in unseren Augen wunderschön, also begehrenswert erscheint. Er möchte, dass wir ihn anschauen und dass dieses Anschauen in uns ein Verlangen nach ihm weckt. Wir haben gesagt, ein Bild weckt Gefühle, erzeugt Emotionen, und diese Gefühle oder Emotionen entstehen in unserer Seele. Das Verlangen kommt also aus unserer Seele. Und genau auf die hat der Feind es abgesehen. Er möchte, dass wir ihn anschauen, auf ihn schauen, damit unser Schauen-auf-ihn unsere Seele bewegt, unsere Seele berührt, und wir so in das Bild des Götzen quasi umgewandelt werden können. Er möchte, dass unsere Seele dem Bild – seinem Bild – gleichgestaltet wird.

Das hat sich der Feind aber nicht selbst ausgedacht. Nein, er ahmt nach, er möchte den ewigen Plan Gottes für den Menschen untergraben und zunichtemachen. Denn Gott selbst möchte durch den Menschen zum Ausdruck kommen. Das ist Sein Plan. Deshalb hat er den Menschen nach Seinem Bild geschaffen. Gott geht es und ging es von Anfang an um ein Bild, um SEIN BILD in uns. Dieses Bild trägt SEIN Siegel, es ist SEIN Zeugnis. Es bezeugt IHN. Und weil der Feind ein Falschmünzer, Fälscher, Täuscher oder Nachahmer ist, geht es ihm ebenfalls um ein Bild, um sein – des Götzen, des Feindes – Bild in uns. Es geht dem Feind darum, dass wir ihn zum Ausdruck bringen und nicht Gott.

In Römer 8,29 (nach LÜ) lesen wir:

> Denn die er ausersehen hat, die hat er auch vorherbestimmt, dass sie gleich sein sollten dem Bild seines Sohnes, damit dieser der Erstgeborene sei unter vielen Brüdern.

Auch EÜ übersetzt:

> ... dem Bilde seines Sohnes gleichförmig zu sein ... (hier haben wir wieder die Form)

„gleichförmig sein" – griech. symmorphizo = gleich-
gestalten, gleichförmig machen;

von symmorphos = gleichförmig, gleichgestaltig;

von syn = „zusammen mit" und morphe = „Form, Ge-
stalt (gleichförmig umgestalten)"

Die Ersterwähnung von einem Bild finden wir in 1. Mose 1,26,
wo es heißt: *Lasset uns den Menschen machen, ein* **Bild**, *das uns gleich
sei.* Das **Bild**, nach dem der Mensch geschaffen wurde, ist **das
Bild Gottes** selbst: *Gott schuf den Menschen zu seinem Bilde, zum
Bilde Gottes schuf er ihn* (1. Mose 1,27). Gott ist unsichtbar. Er hat
uns aber in Sein Bild geschaffen, damit wir Ihn zum Ausdruck
bringen und Er durch uns sichtbar werden kann, um der ganzen Welt, um allen Nationen, das Bild Gottes, Seine Herrlichkeit, Sein Wesen zu offenbaren. Solch ein Licht sollen wir sein.
Er soll **an** uns und **durch** uns zeugnishaft gesehen, ja, verherr-
licht werden.

Genau dazu ist Jeschua auch als das Bild des unsichtbaren Gottes
ins Fleisch gekommen (*Er ist das Ebenbild des unsichtbaren Gottes* –
Kolosser 1,15).

Gott musste in Jeschua ins Fleisch kommen, weil die Schlange
durch Lüge und Verdrehung des Wortes Gottes den Plan Gottes –
scheinbar – vereitelt hatte. Durch Adam und Evas Ungehorsam
war **das Bild** jetzt „dunkel" geworden. Es war nicht mehr sichtbar, man sah jetzt etwas anderes. Vor dem Fall war der Mensch
ein Lichtwesen wie Gott selbst. Licht war sein Kleid. Nach dem
Fall aber, oder besser gesagt aufgrund des Falles, war der Mensch
des Lichtes sozusagen entkleidet worden. Er war jetzt nackt, was
sein gefallenes Wesen offenbar machte. Es war dunkel geworden
um ihn herum. Er strahlte nicht mehr das Licht Gottes aus. Der
Mensch, der in Licht gekleidet gewesen war, hatte seine göttliche
Bekleidung verloren. Ich könnte weinen, wenn ich daran denke.
Das Bild Gottes in ihm war nun nicht mehr sichtbar. Etwas anderes trat zutage: Nacktheit. Als der Mensch sich dessen bewusst
wurde, versteckte er sich vor Gott.

In 1. Johannes 1,7 lesen wir:

> Wenn wir aber im Licht wandeln, wie er im Licht ist, so haben
> wir Gemeinschaft untereinander (müssen uns nicht mehr
> verstecken), und das Blut Jesu, seines Sohnes, macht uns
> rein von aller Sünde.

Johannes erklärt hier, dass wir in der Finsternis der Sünde keine
Gemeinschaft mit Gott haben können. Doch das reinigende Blut
Jeschuas bringt den Menschen zurück ins Licht, zurück in die Ge-
meinschaft mit Gott und miteinander.

Aufgrund des Falles hat der Mensch aber nicht nur seine ihm
ursprünglich von Gott gegebene Bekleidung, sondern auch die
Ewigkeitskomponente seines Leibes verloren. Damit ist er der
Vergänglichkeit, dem Verfall unterworfen. Die Wissenschaft bezeichnet das als den Prozess der Entropie (darunter versteht
man die Verlaufsrichtung der in der Natur ablaufenden Prozes-
se). Wir unterliegen dem Prinzip des Verfalls. Und diesen Prozess möchte der Feind in Bezug auf uns, die Menschen, be-
schleunigen, denn er möchte uns zerstören (Joh. 10,10). Je mehr
wir in das Bild des Feindes, des Götzen umgewandelt werden,
desto schneller läuft der Prozess des Verfalls ab. Wir können
diesen Prozess aber auch ein Stück weit aufhalten, oder besser gesagt: verlangsamen. Dazu hier eine hochinteressante Erklärung zur Entropie (von Dr. Hollisa Alewine) sinngemäß aus
dem Englischen wiedergegeben:

Entropie

Sacharja lehrt über eine Zeit, wenn die Nationen gestärkt sein
werden, wenn Juda die Feste von Herzen feiern und Israel ein
Licht für die Nationen sein wird, weil sie dem Heiligen Geist er-
lauben, durch sie zu wirken, um das Herz der Nationen umzu-
wandeln. Wenn die Nationen sehen, wie sie die Feste halten, ist
das das Licht für sie.

In Sacharja 14,16 heißt es:

> Und alle, die übrig geblieben sind von allen Heiden (Natio-
> nen), die gegen Jerusalem zogen, werden jährlich heraufkom-
> men, um anzubeten den König, den HERRN Zebaoth, und
> um das Laubhüttenfest zu halten.

Aus diesem Grund heißt das Laubhüttenfest auch „Fest der Nationen". Die Nationen werden erkennen, dass Jerusalem das Zen-
trum der Feste ist und der Grund, warum Israel das Heilige Land
einnimmt, nämlich, damit Israel und Jerusalem ein Licht für sie
sind und sie zu diesem Licht zurückkehren können.

Es war für den Menschen geplant, dass er – wie uns das der 4. Tag
der Schöpfung zeigt – innerhalb dieser Bereiche der Autorität (der
Feste) lebt und zurückkehrt in die Übereinstimmung mit diesen
Bereichen, damit er darin wachsen und gedeihen kann.

Wir lesen von dieser Zeit, dass man jemanden, der im Alter von
tausend Jahren stirbt, als noch ein Baby betrachtet, und dass dieser unter einem Fluch gestanden haben muss, weil er „so früh"
gestorben ist. Warum? Weil der Prozess der Entropie anfangen
wird, sich umzukehren. Noch unterliegen wir dem Prinzip des
Verfalls. Es sei denn, dass eine Kraft, eine Energie oder Macht von
außen eingesetzt wird, wird die Erde und alles auf ihr verfallen
(Entropie). Und dieser Prozess ist im Gange, seit der Tod durch
die Sünde in die Welt kam.

Wenn wir nun lernen, den Bund zu halten, die Feste zu feiern,
verlangsamen wir den Prozess der Entropie auf der Erde, denn
wo Ungehorsam ist, da ist Entropie, wo aber Gehorsam ist, da ist
Leben.

In dem Maße nun wie die Nationen auf der Erde umkehren, in
demselben Maße verlangsamt sich der Prozess der Entropie (Beispiel: Israel in der Wüste: Schuhe und Kleidung wurden nicht ab-
genutzt!). Es kommt eine Zeit, wo sich dieser Prozess der Entropie
extrem verlangsamen wird.

Wollen wir also ein Gefäß, eine Lampe für den Heiligen Geist sein, eine Lampe der Torah auf dieser Erde, müssen wir wissen, was Gehorsam ist. Vielleicht haben wir ja keine Ahnung davon, weil wir noch auf Menschen hören, die uns die Bibel „wegerklären". Wir müssen unbedingt zu dem, was geschrieben steht, zu den Festen, und damit zu Jerusalem zurückkehren.

Mit diesem kleinen Exkurs im Hinterkopf komme ich jetzt zurück auf das Umgewandelt- oder Gleichgestaltet-Werden in Sein Bild.

In 2. Korinther 3,18 lesen wir:

> Wir alle aber **schauen** mit aufgedecktem Angesicht die Herrlichkeit des Herrn **an** und werden so verwandelt in dasselbe Bild von Herrlichkeit zu Herrlichkeit, wie (es) vom Herrn, dem Geist, geschieht.

Hebräer 12,2

> ... und aufsehen zu Jesus, den Anfänger und Vollender des Glaubens ...

Römer 1,23

> (nach: Das Jüdische Neue Testament,
> David H. Stern, 1994, Hänssler Verlag,
> Holzgerlingen)

> Ja, sie haben die Herrlichkeit des unsterblichen Gottes eingetauscht gegen bloße Bilder, die sterblichen Menschen oder Vögeln, Tieren oder Reptilien gleichen!

Hier – in Römer 1,23 – haben wir eine Beschreibung des Bildes des Feindes. Dieses Bild oder Angesicht des Feindes ist „vierfach": Mensch, Vogel, Tier, Reptil.

Das Angesicht Jeschuas ist ebenfalls „vierfach": Mensch, Adler, Stier, Löwe. Jedes Angesicht erfüllt einen bestimmten Zweck. Darauf möchte ich an dieser Stelle nicht im Einzelnen eingehen. Ich möchte nur auf die Angesichter des Feindes, die im Gegensatz zu den Angesichtern Jeschuas stehen, hinweisen, und im Zusammenhang damit auch darauf, dass wir in **das** Bild umgewandelt werden, das wir anschauen.

Wir haben gesehen, wie die Götzen aussehen. Wir finden sie in all den verschiedenen Systemen wieder. Systeme, die uns sich einverleiben wollen (und vielleicht haben sie das ja schon getan), damit wir letztendlich mit ihnen eins werden und sind. All diese vielen, vielen Systeme zeigen uns den Charakter der Götzen auf.

Und wie sieht Jeschua aus? Woran oder worin sehen wir Seinen Charakter? Wir sehen Seinen Charakter, Sein ganzes Wesen in den Geboten. Die Gebote beschreiben uns aufs Genaueste, wie Jeschua aussieht, denn Er selbst ist die Gebote, ist die Torah. Und in dieses Bild sollen und wollen wir umgewandelt werden. Deshalb hat der Feind es auch darauf abgesehen, dass wir glauben, das Gesetz (die Gebote) sei abgeschafft, sei ans Kreuz genagelt worden.

Wir haben gesehen, dass Bilder Aufmerksamkeit erregen und Gefühle wecken und somit unsere Seele ansprechen. Und jedes Mal, wenn wir das Bild des Sohnes anschauen, wenn wir zu Jeschua aufschauen, setzen wir den Prozess der Umwandlung in Sein Bild (wieder) in Gang. Das trifft aber auch auf das Gegenteil zu. Schauen wir das Bild des Feindes an ... Deshalb werden wir von Paulus ermahnt, auf Jeschua zu schauen. Das ist das **Bild**, das wir anschauen sollen, das Angesicht oder die Angesichter des Herrn, Seine Herrlichkeit, wodurch wir dann auch in dasselbe Bild verwandelt werden. Und was genau soll verwandelt werden? Es geht um unsere Seele – unser Denken, Fühlen und Wollen.

Das sehen wir in 1. Petrus 1,9:

> Und (so) erlangt ihr das Ziel eures Glaubens: die Rettung der Seelen.

Hebräer 10,39

Wir aber sind nicht von denen, die zurückweichen und verdammt werden, sondern von denen, die glauben und die Seele erretten.

Philipper 3,10

Ihn möchte ich erkennen und die Kraft seiner Auferstehung und die Gemeinschaft seiner Leiden und so seinem Tode gleichgestaltet werden.

Römer 12,1-2

1 Ich ermahne euch nun, liebe Brüder, durch die Barmherzigkeit Gottes, dass ihr eure Leiber hingebt als ein Opfer, das lebendig, heilig und Gott wohlgefällig ist. Das sei euer vernünftiger Gottesdienst.

2 Und stellt euch nicht dieser Welt gleich, sondern ändert euch (werdet verwandelt) durch Erneuerung eures Sinnes, damit ihr prüfen könnt, was Gottes Wille ist, nämlich das Gute und Wohlgefällige und Vollkommene.

Je mehr wir diese Umwandlung oder Gleichgestaltung erfahren und erleben, desto mehr verherrlichen wir den Herrn durch unser Leben, weil wir wieder das Licht Gottes ausstrahlen; und wir sind auch ein Zeugnis für die Nationen, damit diese ebenfalls zum Licht kommen können. Gott möchte, dass wir in unserem Denken, Fühlen und Wollen umgewandelt werden, so dass Seine Gedanken unsere Gedanken, Seine Emotionen unsere Emotionen und Sein Wille unser Wille werden, und wir so Sein Bild – das Bild Gottes, das Wesen, die Natur, den Charakter, die Herrlichkeit Gottes – zum Ausdruck bringen wie am Anfang im Garten.

Der Feind setzt mittels der Götzen alles daran, dass der Mensch in sein, des Feindes Bild, umgewandelt wird. Und schauen wir das falsche Bild an, nämlich das des Götzen, geschieht das auch. Hier gibt es keine Grauzone.

Wie wir schon kurz erwähnt haben, umfasst „anschauen" sehr viel mehr als nur einen Blick auf etwas werfen. Anschauen wirkt sich in besonderer Weise auf unsere Seele aus, so dass wir dann aus unserer Seele heraus agieren und unsere Seele entsprechend dem, was wir angeschaut haben, beeinflusst, verändert und umgewandelt wird. Denken wir nur einmal daran, was Kindern durch Computerspiele an Bosheit und Gewalt vermittelt, sozusagen nach Galater 3,1 vor Augen gemalt wird. Die Gewalt-Computerspiele verändern die Psyche der Kinder.

Wir denken vielleicht: Das ist doch nur irgendeine „geschnitzte Figur" (ein von Menschenhand gemachter Götze) aus dem Altertum. Auf den ersten Blick vielleicht. Aber dahinter steht ein Geist. Wenn wir diese Figur oder dieses von Menschen gemachte System nun anschauen, verleihen wir diesem „Ding" Leben (in Bezug auf uns). Solange wir nichts damit zu tun haben, ist und bleibt es eine „tote geschnitzte Sache" (für uns). Schauen wir aber zu ihr auf und beten wir sie an, d. h. nehmen wir sie exzessiv in Anspruch, kommt damit auch ihre ganze Dynamik zum Tragen.

Matthäus 6,24

Niemand kann zwei Herren dienen: Entweder er wird den einen hassen und den andern lieben, oder er wird an dem einen hängen und den andern verachten. Ihr könnt nicht Gott dienen und dem Mammon.

Es gäbe hier noch sehr viel mehr zu sagen, aber ich möchte an dieser Stelle mit Matthäus 22,37–40 abschließen:

37 Jesus aber antwortete ihm: **„Du sollst den Herrn, deinen Gott, lieben von ganzem Herzen, von ganzer Seele und von ganzem Gemüt"** (5. Mose 6,5).

38 Dies ist das höchste und größte Gebot.

39 Das andere aber ist dem gleich: „**Du sollst deinen Nächsten lieben wie dich selbst**" (3. Mose 19,18).

40 In diesen beiden Geboten hängt das ganze Gesetz und die Propheten.

Kapitel 8
Bedeckungen

Die Bedeckungen der Welt

Seit dem Fall Luzifers findet im Universum ein erbitterter Kampf zwischen Licht und Finsternis statt. Was ist der Grund? Es geht um die wahre Anbetung. Und bis Jeschua zurückkommt, wird diese wahre Anbetung umkämpft bleiben. Deshalb hat unser Gott am Anfang mit der Schöpfung auch Seine Feste gegeben. Schon beim ersten von der Bibel berichteten Mord ging es um diese wahre, von Gott für den Menschen bestimmte Anbetung an einem von Gott bestimmten Fest (1. Mose 4,1–16).

JHWH führte Sein Volk aus Ägypten heraus, damit es IHM ein Fest halten (sich mit IHM treffen) und IHN anbeten könne – drei Tagereisen weit. Sein Volk sollte aus dem Bereich der Finsternis und des Todes (und Ägypten steht für genau diesen Bereich) herauskommen und in das Licht, die Auferstehung und das Leben eintreten. Weil Gott in der Finsternis nicht angebetet werden kann, war es für das Volk ein Muss, Ägypten zu verlassen. Der Mensch sollte innerhalb der Festkreisläufe Gott in Auferstehung, also im Licht und im Leben, anbeten.

Damit wir das besser verstehen können, wollen wir einen kurzen Blick werfen auf diese von JHWH für den Menschen bestimmten Feste. Das ist deshalb so wichtig, weil der Feind es offensichtlich geschafft hat, dem Volk JHWHs, das sind die Gläubigen an Jeschua, die von Gott selbst für sie bestimmten Feste wegzunehmen, und sie sozusagen allein den Juden zuzuschreiben. Die Gläubigen sollten nicht mehr Gott, sondern den Feind anbeten, der ihnen als Ersatz Weihnachten und Ostern zugeschanzt hatte. In <u>diesen</u> „Festen" jedoch beten sie unwissentlich die Dämonen an, die hinter diesen Festen stehen. Die gesamte Christenheit ist darauf reingefallen.

Das erinnert mich an die Begebenheit mit dem goldenen Kalb. Das Volk hatte Mose darum gebeten, für sie zu vermitteln, weil sie die Stimme Gottes vom Himmel nicht mehr hören konnten. Diese Stimme hatte sie in Furcht und Schrecken versetzt. So war Mose auf den Berg gestiegen, um das Wort von Gott für das Volk zu empfangen. Als das Volk nun dachte, dass Mose, den Gott zu ihrem Mittler bestimmt hatte, nicht mehr vom Berg herunterkommen würde, suchten sie sofort nach einem „Ersatzmittler" und machten zu diesem Zweck das goldene Kalb. In Tat und Wahrheit wollten sie aber nicht das Kalb, sondern weiterhin Gott anbeten, so wie die meisten Christen an den falschen Festen – Weihnachten und Ostern – ja auch niemand anderen anbeten wollen als Gott. Gott hatte Mose zu ihrem Mittler bestimmt. Da dieser von Gott bestimmte Mittler Mose nun aber verschollen war, wollte das Volk Gott durch einen neuen Mittler anbeten. Und zu diesem Zweck machte es dann das Kalb. Ich betone: Sie wollten nicht das Kalb, sondern den wahren Gott anbeten, jedoch nun durch einen selbstgemachten Mittler. Wir alle kennen diese Geschichte.

Durch den Ersatz anderer Feste zu nicht von Gott bestimmten Zeiten konnte die listige Schlange die wahre Anbetung sabotieren und pervertieren.

Was hat es mit diesen Festen nun auf sich? Warum sind sie so wichtig? Worum geht es bei ihnen?

Die Bibel spricht in 3. Mose 23 von sieben Festen: vom Passafest (Pessach), Fest der Ungesäuerten Brote (Chag HaMatza), Fest der Erstlingsfrüchte (Jom HaBikkurim), Wochenfest (Schawuot), Posaunenfest (Jom Teruah), Versöhnungsfest (Jom HaKippurim) und Laubhüttenfest (Sukkot).

Mit dem ersten Kommen Jeschuas wurden die drei ersten, die Frühjahrsfeste, erfüllt. Diese weisen hin auf den Tod Jeschuas am Kreuz, Sein Begraben-Werden und Seine Auferstehung. Das vierte Fest ist das Wochenfest, das fünfzig Tage nach dem Fest der Erstlingsfrüchte stattfindet und das von der Ausgießung des Heiligen Geistes spricht, denn Jeschua wurde durch Tod und Auferstehung zum Geist, der das Leben gibt.

Die drei letzten Feste, die Herbstfeste, werden mit dem zweiten Kommen Jeschuas erfüllt. Und doch sind alle sieben Feste Geschichte und Prophetie zugleich. Wir feiern die ersten drei Feste rückblickend und dankend und die letzten drei in Erwartung und nach vorne schauend. Die drei ersten, die Frühjahrsfeste, und die drei letzten, die Herbstfeste, stehen miteinander in Verbindung. Dem gehen wir an dieser Stelle aber nicht weiter nach.

Unter den drei Herbstfesten ist das mittlere das Versöhnungsfest oder Jom HaKippurim, was übersetzt „Tag der Bedeckungen" heißt. Das zeigt, dass es bei den Herbstfesten in besonderer Weise um Bedeckungen geht. Und darauf wollen wir jetzt ein wenig näher eingehen. Was hat es mit diesen Bedeckungen auf sich – Bedeckungen wie Blut, Wolken, liebliches Räucherwerk, Flügel, Laubzweige und Hütten? Dies sind die Bedeckungen der gerechten Gläubigen, Bedeckungen, welche die Gerechten insbesondere in der Trübsal, aber auch zu jeder anderen Zeit sowohl vor dem Feind als auch vor dem Zorn des Lammes bedecken, verstecken und beschützen. Das sehen wir z. B. in

Psalm 27,5

Denn er wird mich bergen in seiner Hütte am Tag des Unheils, er wird mich verbergen im Versteck seines Zeltes; auf einen Felsen wird er mich heben.

Und auch in

Psalm 91,4

Er wird dich mit seinen Fittichen decken, und Zuflucht wirst du haben unter seinen Flügeln.

Demnach stellen all diese Bedeckungen einen Schutz dar. Und wir wollen sehen, wovor sie uns schützen sollen, welchem Zweck sie dienen.

Die an Jeschua hingegebenen Gläubigen haben einen Zufluchtsort und leben unter einem Schutz. Und bei diesem Ort, diesem Schutz handelt es sich um die oben schon erwähnten **göttlichen Bedeckungen**.

Aber auch die gottlosen Menschen haben sich eine Art Bedeckung oder Schutz errichtet, der sie vor dem Zorn des Lammes, der unausweichlich über sie kommen wird, schützen soll und sie momentan auch noch schützt.

Offenbarung 6,12-17

(nach David H. Stern, Das Jüdische
Neue Testament, 1994, Hänssler Verlag,
Holzgerlingen)

12 Dann beobachtete ich, wie es das sechste Siegel brach, und es war ein großes Erdbeben, die Sonne wurde schwarz wie Sackleinen, das in Trauer getragen wird, und der Vollmond wurde blutrot.

13 Die Sterne fielen vom Himmel auf die Erde, so wie ein Feigenbaum seine Feigen abwirft, wenn er von einem heftigen Wind geschüttelt wird.

14 Der Horizont zog sich zurück wie eine Rolle, die aufgerollt wird, und alle Berge und Inseln wurden von ihrem Platz gerückt.

15 Da versteckten sich die Könige der Erde, die Herrscher, die Generäle, die Reichen und die Mächtigen – ja alle, Sklaven wie Freie – in Höhlen und in den Felsen der Berge,

16 **und sagten zu den Bergen und den Felsen: „Fallt auf uns und versteckt uns** vor dem Antlitz dessen, der auf dem Thron sitzt, und vor dem Zorn des Lammes!"

17 Denn der große Tag (gr.: die Große Zeit) ihres Zorns ist gekommen, und wer kann bestehen?

Was veranlasste die Könige der Erde, sich verstecken zu wollen?

Der obige Abschnitt spricht von einer globalen Katastrophe: Die Erde bebt, die Gestirne verändern sich (die Sonne wird schwarz, der Mond blutrot), die Sterne fallen vom Himmel auf die Erde, ein heftiger Wind weht, der Horizont (hebr.: rakia – d.i. der schützende „Dom" [Feste/Firmament] über der Erde) zieht sich zurück (wie zur Zeit Noahs, als die Fenster des Himmels geöffnet wurden, so dass die Flut hereinbrach), alle Berge und Inseln werden von ihrem Platz gerückt.

Berge und Inseln versinnbildlichen Regierungen, Nationen, religiöse und wirtschaftliche Systeme. Mit dem 6. Siegel wird nun das, was die gesetzlosen und ungerechten Menschen vor dem Zorn des Lammes noch schützt, zerbrochen. Und was ist das, was sie noch schützt? Es sind die Systeme oder Organisationen. Und angesichts der über sie hereinbrechenden Katastrophen flüchten diese gesetzlosen und ungerechten Menschen aller Schichten nun in die zerbrechenden Systeme, die bis zu diesem Zeitpunkt noch ihrem Schutz dienen, und verkriechen und verstecken sich dort vor dem Zorn des Lammes.

.... und sagten zu den Bergen und Felsen: „Fallt auf uns und versteckt uns ..."

Diese Gottlosen aus Offenbarung 6,15 suchen demnach Schutz in den bereits im Zerfall begriffenen Systemen, in denen sie sich zusammengeschlossen haben. Diese Systeme haben sie **vereint**, so wie am Anfang die ganze Welt durch **eine** Sprache **vereint** war. Und mittels dieser Systeme manipulieren und kontrollieren sie nun **die gesamte Welt**, weil sie **alle** Menschen von diesen Systemen abhängig gemacht haben. Jeder Einzelne wurde in diesen Systemen versklavt – auch wir, die Gläubigen an Jeschua. Jeder Einzelne arbeitet für diese Systeme oder in diesen Systemen, so wie das Volk Israel für Ägypten arbeiten musste. Und jeder Einzelne ist auf die eine oder andere Weise gezwungen, diese Systeme in Anspruch zu nehmen, denn nichts scheint mehr ohne sie zu laufen. Zudem wurde alles „rechtlich" so abgesichert, dass niemand so einfach aussteigen kann. Was immer der Mensch auch zum Leben braucht, findet er ja in diesen Systemen, denn, wie schon gesagt, es gibt für jedes Bedürfnis auch ein passendes System. Und damit wird und ist der Mensch **unabhängig von Gott**. Und genau das ist das Ziel, das der Feind verfolgt: die völlige Trennung von Gott und Mensch und damit die Unabhängigkeit des Menschen von Gott. In diesen Systemen hält der Feind die Menschen gefangen – **alle** Menschen. Für die Bösen und Ungerechten stellen die Systeme einen (vermeintlichen) Schutz dar. Für die Gerechten sind sie babylonische Gefängnisse, aus denen sie herauskommen sollen, damit sie nicht <u>mit ihnen</u> zerbrochen oder zerstört werden (Offenbarung 18,4). Denn wenn wir von den Systemen abhängig bleiben und diese Systeme dann zerstört werden, haben wir nichts mehr, worauf wir für unseren Lebensunterhalt oder unser Leben schlechthin zurückgreifen könnten. Daher ist es äußerst wichtig, schon jetzt zu lernen, in Bezug auf alles, was unser Leben in dieser Welt ausmacht, auf Jeschua zu vertrauen und zuallererst nach dem Reich Gottes zu trachten, dann wird uns alles andere, was immer wir auch in dieser Welt noch brauchen, zufallen.

Doch nun ist die Zeit gekommen, wo das 6. Siegel diese Bedeckungen, diese Organisationen oder Vereinigungen der gesetzlosen und ungerechten Menschen „bricht" – die Bedeckungen, welche die Gottlosen bislang noch geschützt haben. Die Sonnen- und Mondfinsternisse weisen auf dieses Zerbrechen hin, da das Maß der Bosheit auf der Erde voll ist!

Sonne, Mond und Sterne – Gottes Kalender – wurden am vierten Tag von Gott an den Himmel gesetzt, damit der Mensch die heiligen Zeiten, die Moedim, die Zeiten, an denen Gott sich mit Seinem Volk in besonderer Weise treffen will, an ihnen ablesen, sie zeitlich bestimmen kann. Und weil die Gottlosen diesen Kalender Gottes ablehnen, haben sie sich damit automatisch nicht nur von den Moedim als solchen, sondern auch von (der Vereinigung mit) Gott und anderen Gläubigen ausgeschlossen.

Worum geht es nun bei diesen Moedim? Alle, die im **Geist** und in der **Wahrheit** anbeten wollen, sollen sich an den Festen **versammeln**, um hier Gott nach der von Ihm vorgeschriebenen Art und Weise gemeinsam anzubeten. Es geht also – wie am Anfang des Kapitels schon gesagt – um Anbetung. Das mag vielleicht alles etwas technisch klingen, doch eigentlich sind die Feste ein Treffen von Braut und Bräutigam, die sich, weil sie sich lieben und sich nacheinander sehnen, zu einer bestimmten Zeit verabredet haben.

Da die bösen und ungerechten Menschen sich in den Systemen vereint haben, sind sie <u>darin</u> **schon versammelt**, so dass sie hier gemeinsam den Gott der Systeme anbeten können. Diese falsche Anbetung des Gottes der Systeme in den Systemen ruft jedoch den Zorn des Lammes hervor, das die Ungerechten für ihre falsche götzendienerische Anbetung richten wird.

Während die Ungerechten in den Systemen, den Bedeckungen der Welt, schon **versammelt** sind, ist es für die Gerechten dringend angesagt, sich Schritt für Schritt, Stück für Stück von diesen Systemen der Ungerechten zu lösen und aus ihnen herauszukommen, um sich neu unter **himmlischen Bedeckungen** zu **sammeln**.

Offenbarung 6,14

Der Horizont zog sich zurück wie eine Rolle, die aufgerollt wird, und alle Berge und Inseln wurden von ihrem Platz gerückt.

Hier heißt es, dass alle Berge und Inseln von ihrem Platz gerückt werden. Wir haben schon gesehen, was Berge und Inseln repräsentieren, nämlich Regierungen, Nationen, religiöse und wirtschaftliche Systeme, welche die Menschheit **vereinen**. Und diese Systeme, diese Bedeckungen der Welt, werden nun mit dem 6. Siegel zerbrochen. Sie werden von einem „heftigen Wind", dem Geist Gottes, der richtend über die Erde weht, geschüttelt. Und die Bedeckungen der Welt, die „Feigenblätter", werden heruntergeschüttelt.

Offenbarung 6,15-16

15 Da versteckten sich die Könige der Erde, die Herrscher, die Generäle, die Reichen und die Mächtigen – ja alle, Sklaven wie Freie – in Höhlen und in den Felsen der Berge,

16 **und sagten zu den Bergen und den Felsen: „Fallt auf uns und versteckt uns** vor dem Antlitz dessen, der auf dem Thron sitzt, und vor dem Zorn des Lammes!"

Als die Könige der Erde, die Herrscher, die Generäle, die Reichen und die Mächtigen – ja alle, Sklaven wie Freie, erkennen, dass der Zorn des Lammes über sie hereinbricht, versuchen sie, sich in den von ihnen aufgebauten Systemen, den Bedeckungen der Welt, zu verstecken. So wie sich Adam und Eva im Garten vor der Gegenwart ihres Schöpfers, der doch allein Buße von ihnen erwartete, versteckten. Sie hatten sich mit Feigenblättern bedeckt. Das konnte aber nicht ihre Bekleidung bleiben.

Vielleicht haben wir durch das oben Gesagte inzwischen etwas mehr Klarheit darüber gewonnen, wie wichtig es ist, aus den Bedeckungen der Welt heraus und **unter die Bedeckungen des Himmels** zu kommen – aus einer falschen, versklavenden, götzendienerischen Anbetung heraus- und in die einzig wahre Anbetung hineinzukommen. Ich hoffe auch, dass es ein wenig deutlicher geworden ist, welche äußerst wichtige Rolle dabei die Feste JHWHs spielen.

Die Bedeckungen des Himmels

Wir haben gesehen, dass es bei den Herbstfesten insbesondere um Bedeckungen geht, ersichtlich vor allem am Versöhnungstag/ Jom HaKippurim, was Tag der Bedeckungen heißt. Aber auch bei den beiden anderen Herbstfesten, dem Posaunenfest/Jom Teruah und dem Laubhüttenfest/Sukkot, werden Bedeckungen thematisiert. Was bedeuten diese Bedeckungen für uns? Befinden wir uns – wie die Menschen der Welt – unter den Bedeckungen der Systeme? Greifen wir in den Angelegenheiten unseres täglichen Lebens **vor allem** auf diese Systeme zurück? Wo oder was beten wir in Tat und Wahrheit an?

Während sich die Ungerechten vor dem Zorn des Lammes in die Systeme, die dabei sind zerschlagen zu werden, flüchten, ist das Volk Gottes unter himmlischen göttlichen Bedeckungen verborgen und geschützt.

Bei diesen göttlichen Bedeckungen handelt es sich im Kontext der Herbstfeste um Blut, Wolken, liebliches Räucherwerk, Flügel, Laubzweige und Hütten. Einige dieser Bedeckungen wollen wir uns nun etwas näher anschauen.

Blut

An **Jom HaKippurim** ging der Hohepriester ins Allerheiligste der Stiftshütte und brachte dort ein besonderes Opfer dar, indem er mit dem Blut den Sühnedeckel (oder Gnadenthron) der Bundeslade besprengte, um die Vergebung der Sünden des Volkes zu erwirken (3. Mose 23,27–28; 3. Mose 17,11; 3. Mose 16,14.30–31; Hebräer 9,22; Hebräer 9,7). Sühne bedeutet „Versöhnung oder Wiederherstellung einer Beziehung". Der Hohepriester sprengte das Blut im Allerheiligsten zur Sühnung und Bedeckung der Sünden. Nach Römer 6,23 ist der Sünde Sold der Tod, denn ohne Blutvergießen geschieht keine Vergebung (Hebräer 9,22), ohne Blut fallen wir unter das verderbende Gericht (unter den Zorn des Lammes). Doch Jeschua ist mit Seinem eigenen Blut ins Allerheiligste hineingegangen und hat ein für alle Mal für unsere Sünden gesühnt (Hebräer 9,27–28).

Wenn du, der du diese Zeilen gerade liest, Jeschua noch nicht kennst, dann halte kurz inne und danke Gott, dem Vater, dass Er Jeschua, Seinen einzigen Sohn, in die Welt gesandt hat, damit Er deine Sünden auf sich nimmt, ans Kreuz geht und sein Blut vergießt zur Vergebung deiner Sünden. Und nachdem du dem Vater dafür gedankt hast, bitte Jeschua, dass Er in dein Herz kommt und dir ewiges Leben gibt.

Wir können die Kostbarkeit und die Wirkkraft dieses wunderbaren Blutes unseres Messias nicht ermessen. Über solch ein Blut brauchen wir eine Offenbarung. Leben und agieren wir in der Kraft dieses Seines Blutes, dann erfahren wir auch diese Kraft, so dass sich jeder Dämon beugen und weichen muss!

Es geht bei den Bedeckungen zwar um die Bedeckungen der Herbstfeste. In Bezug auf das Blut möchte ich aber kurz auch noch auf ein äußerst wichtiges Frühjahrsfest, das Passafest, zu sprechen kommen.

Als das Volk noch in Ägypten versklavt war, hatte Gott beschlossen, Sein Volk durch Mose aus dieser Sklaverei zu befreien. Deshalb wies Er das Volk durch Mose an, am 14. des Monats Nissan ein Lamm zu schlachten und das Blut dieses Lammes (das ein ganz besonderes Blut war) in das in die Türschwelle eingelassene kleine Becken zu gießen, damit es von dort in die ebenfalls in die Türschwelle eingelassene Rinne fließt. Dann sollten sie den Ysop in das kleine Becken mit Blut eintauchen und mit diesem Blut die Türpfosten und die Oberschwelle bestreichen. Somit wies der gesamte Eingang – oben, unten, rechts und links – das Blut auf. Warum war das so wichtig? JHWH wollte in jedes Haus kommen, um mit allen, die sich im Haus befanden, einen Blutbund zu schließen, um so alle Erstgeburt Israels vor dem Tod zu schützen bzw. zu retten. Alle Erstgeburt Ägyptens aber starb in dieser Nacht, weil sie dieses Blut und diesen Bund nicht anerkannt hatte. Gottes Volk hingegen wurde aufgrund dieses Passa-Blutbundes aus der Bedrückung und Versklavung durch Ägypten befreit. Ohne dieses Blut hätten sie nicht ausziehen können.

Wir leben in dieser Welt unter der Bedrückung des Feindes. Wir sind versklavt in all diesen Systemen, die über die ganze Erde ausgebreitet wurden und die für uns zu Gefängnissen geworden sind. Aus eigener Kraft kommen wir da nicht heraus. Und doch können wir diese Gefängnisse Stück für Stück durch des Lammes Blut und durch das Wort unseres Zeugnisses überwinden (Offenbarung 12,11).

Der übereilte Aufbruch der Israeliten hatte nicht nur ihre Befreiung zur Folge, sondern auch ihre Heilung, denn sonst hätten sie die körperlich Schwachen und Kranken zurücklassen müssen. Daher heißt es in

Er führte sie heraus mit Silber und Gold (auch die Armen konnten mitgehen); es war kein Gebrechlicher unter ihren Stämmen. (Beim Größeren Exodus werden sie ungeachtet ihres Alters oder ihrer körperlichen Konstitution in der Lage sein, auf einen langen, dreieinhalb Jahre dauernden Exodus in die Wüste der Völker zu gehen.)

Also heilte er sie, so dass sie ihm mit einem heilen und gesunden Leib dienen und nachfolgen konnten. Es scheint so, als ob die Israeliten Ägypten gesegnet mit Heilung, Versorgung und Reichtum verließen. In Bezug auf den zweiten größeren Exodus müssen wir uns daher, was die äußeren (Mittel oder) Umstände betrifft, wohl keine allzu großen Sorgen machen, so dass wir uns auf die viel wichtigere geistliche Vorbereitung konzentrieren können. Und doch war der Auszug aus Ägypten für das Volk kein Zuckerschlecken.

Es gäbe noch so viel über das Blut zu sagen, aber ich möchte es jetzt einmal bei dem oben Gesagten belassen. Es gibt uns genug zu beten und darüber nachzudenken.

Wolken und liebliches Räucherwerk
(Psalm 141,1–2; Offenbarung 5,8)

3. Mose 16,2

und sprach: Sage deinem Bruder Aaron, dass er nicht zu jeder Zeit in das Heiligtum gehe hinter den Vorhang vor den Gnadenthron, der auf der Lade ist, damit er nicht sterbe; denn ich erscheine in der Wolke über dem Gnadenthron.

An **Jom Kippur**, dem Tag der Einheit und hingebungsvollen Liebe, bedurfte der Hohepriester der Bedeckung mit einer Wolke aus Räucherwerk, um sich dem Gnadenthron nähern zu können. Ging der Hohepriester ins Allerheiligste, so sah er die Gegenwart

94

des Herrn als eine leuchtende Wolke über dem Gnadenthron. In dieser wohlriechenden „Wolken-Bedeckung aus Räucherwerk" über dem Gnadenthron (dieses Räucherwerk ist an dieser Stelle Jeschua selbst) finden sich Gnade und Barmherzigkeit.

3. Mose 16,12-13

12 Und nehme eine Schaufel voll Feuerkohlen vom Altar (Brandopferaltar) vor dem Ewigen und beide Hände voll Räucherwerks von Spezereien, feingestoßen, und bringe es innerhalb des Vorhangs;

13 Und lege das Räucherwerk auf das Feuer vor dem Ewigen, daß die Wolke des Räucherwerks verhülle den Deckel, der über dem Zeugnisse, und er nicht sterbe.

Diese Wolke des Räucherwerks repräsentiert neben Jeschua auch die Gebete der Heiligen. Gebete erzeugen eine Wolke des Schutzes, wie wir das am Beispiel des Hohenpriesters sehen. Und im Gebet oder durch das Gebet rufen wir diese Wolke hervor. Durch unser Gebet wird etwas im geistlichen Bereich erzeugt. Gebete und Räucherwerk hängen eng zusammen. Die Gebete von Räucherwerk sind mit dem Brandopferaltar verbunden, denn das Räucherwerk vom Räucheraltar greift zurück auf das Opfer auf dem Brandopferaltar. Opfer und Gebet sind durch die Feuer auf beiden Altären miteinander verbunden, da die Kohlen für den Räucheraltar vom Brandopferaltar genommen werden. Hatte man auf dem äußeren Altar aber nichts geopfert, war es auch nicht möglich, ein Rauchopfer darzubringen. Ist uns klar, was das bedeutet? Wir können nicht einfach so „drauflos" beten! Zuallererst sollten wir uns JHWH nach Römer 12,1-2 als lebendiges Opfer auf dem Brandopferaltar hingeben, damit unser Gebet am goldenen Altar dann auch als Wohlgeruch zu Gott aufsteigen kann. Gebet schützt uns vor dem Feind und jeglichen Gefahren in der Wüste.

Hütten

An **Sukkot**, dem Laubhüttenfest, wohnt Israel in provisorischen Behausungen (Hütten), die aus dichten Bedeckungen mit blättrigen Zweigen bestehen. Die in Psalm 27,5 erwähnte Sukka Gottes bietet in der Zeit der Trübsal einen Ort übernatürlichen Schutzes und Sicherheit.

Flügel

2. Mose 25,18

Und du sollst zwei Cherubim machen aus getriebenem Golde an beiden Enden des Gnadenthrones.

1. Mose 3,24

Und er trieb den Menschen hinaus und ließ lagern vor dem Garten Eden die Cherubim mit dem flammenden, blitzenden Schwert, zu bewachen den Weg zu dem Baum des Lebens.

Im Allerheiligsten bedeckten **die Flügel** der (zwei) Cherubim den Gnadenthron über der Bundeslade, in der sich das Wort Gottes befand. Vor dem Garten lagerten die (zwei) Cherubim, um den Baum des Lebens zu beschützen. Der Mensch durfte sich nach dem Fall dem Baum des Lebens nicht mehr nähern, weil er sonst ewig im Zustand der Sünde geblieben wäre. Ein sündiger Mensch kann in diesem Zustand nicht so einfach an das Wort des Lebens herantreten. Die Flügel der Cherubim beschützen das Wort (das Zeugnis).

Wir sind eine lebendige Bundeslade, in der das Wort Gottes liegt. Dieses Wort in uns bedarf des Schutzes, so dass der Feind es uns weder rauben noch es pervertieren kann. Wie konnte der Feind so vielen Christen die Wahrheit rauben oder sie pervertieren? Weil sie diesen Schutz nicht kannten. Wir brauchen diese „Flügel", damit sie uns in Einheit mit dem Wort schützen, so wie die Cherubim auf der Bundeslade aus einem Stück Gold mit dem

Gnadenthron gemacht wurden. Sie waren nicht aufgesetzt. Sie sind ein Bild für den Geist (das Zeugnis des Geistes), der das Wort schützt, weil Geist und Wort sozusagen aus einem Stück sind und nicht voneinander getrennt werden können oder dürfen. Geist und Wahrheit gehören zusammen. Wenn wir sie dennoch trennen, kann der Feind sich einschleichen und das Wort verdrehen. Da, wo wir uns aus dem Bereich der Stimme Gottes, aus dem Bereich des Geistes heraus und hin zu dem Bereich der Stimme der Schlange bewegen, vollziehen wir unmerklich eine Trennung zwischen Wort und Geist und sind damit unweigerlich empfänglich für die Stimme des Feindes, der dann das Wort, das Gott zu uns geredet hat, verdrehen kann. Daher brauchen wir dringend diesen Schutz des Geistes bzw. der Flügel, damit der Feind uns nicht verführen oder das Wort, das wir in unsere Bundeslade gelegt haben, verdrehen kann. Wenn wir also unter diese Flügel kommen und dann noch alle vier Seiten des „Eingangs" mit Seinem Blut bestrichen haben, ist der Feind lahmgelegt, ja, völlig geschlagen. Jeder Dämon muss angesichts des Blutes und der Flügel weichen! Oh, wie kostbar ist Jeschuas Blut!

Auch die Flügel des Adlers sind ein Bild für den Geist Gottes, den siebenfachen Geist. Nur unter diesen Flügeln sind wir wahrhaft geschützt (Psalm 91,4).

In Matthäus 23 geht es um falsche Hirten und Heuchler, die wohl vieles sagen, aber nicht nach dem leben, was sie sagen. Jeschua warnt vor solchen Leuten, die vorgeben, die Schrift zu kennen, aber offensichtlich alles verdrehen. Jeschua nennt sie Schlagen und Otternbrut, denen die Gläubigen auf den Leim gegangen sind. Im Kontext von Matthäus 23, in Vers 37, bezeichnet sich Jeschua als eine Henne, die ihre Küken unter ihre Flügel versammelt. Diese „Flügel" bezeichnen auch an dieser Stelle nichts anderes als den siebenfachen Geist aus Jesaja 11,1–2, den Geist, der heute, am Ende der Zeit, richtend über diese Erde weht. Und während dieser Geist die gottlosen und bösen Menschen richtet, einschließlich derer aus dem Bereich der Religion, die das Wort verdrehen, indem sie es vom Geist trennen, sammelt Er die Gerechten unter Seine Flügel und fliegt schließlich mit ihnen für dreieinhalb Jahre in die Wüste, um sie dort mit dem wahren und unverfälschten Manna zu ernähren.

Für unseren und auf unserem Exodus gibt es keinen besseren Schutz als den Geist Gottes selbst, wie bei den Kindern Israels, als sie in die Wüste zogen. Daher sollten wir uns üben, zu jeder Zeit in und unter diesem Schutz des Geistes zu leben und zu bleiben. Unter diesen Flügeln sind wir beim Exodus unterwegs in der Wüste der Völker vor dem Feind geschützt, auch wenn dieser einen ganzen Strom Wassers (Wasser des Todes) hinter uns her spuckt.

Üben wir uns daher, auch mit Blick auf den Exodus, unter Seine himmlischen Bedeckungen zu kommen und dort zu bleiben, und als Voraussetzung dafür Stück für Stück aus den weltlichen Bedeckungen herauszutreten, indem wir sie durch des Lammes Blut und durch das Wort unseres Zeugnisses überwinden.

Kapitel 9
Sicherheit

9 Wohlan, ihr stolzen (sorglosen) Frauen, hört meine Stimme! Ihr Töchter, die ihr so sicher seid, nehmt zu Ohren meine Rede!

10 Über Jahr und Tag (heißt: es kommt die Zeit), da werdet ihr Sicheren zittern; denn es wird keine Weinlese sein, auch keine Obsternte kommen.

11 Erschreckt, ihr stolzen Frauen, zittert, ihr Sicheren! Zieht euch aus, entblößt euch und umgürtet eure Lenden!

12 Man wird klagen um die Äcker, ja, um die lieblichen Äcker, um die fruchtbaren Weinstöcke,

13 um den Acker meines Volks, auf dem Dornen und Hecken wachsen, um alle Häuser voll Freude in der fröhlichen Stadt. (Jerusalem)

14 Denn die Paläste werden verlassen sein, und die Stadt, die voll Getümmel war, wird einsam sein, dass Burg und Turm (dient zum Schutz vor Überfällen, als Zuflucht, als Verteidigungswerk) für immer zu Höhlen werden, dem Wild zur Freude, den Herden zur Weide,

15 **so lange, bis über uns ausgegossen wird der Geist aus der Höhe.**

9 Und als es das fünfte Siegel auftat, sah ich unten am Altar die Seelen derer, die umgebracht worden waren um des Wortes Gottes und um ihres Zeugnisses willen.

10 Und sie schrien mit lauter Stimme: Herr, du Heiliger und Wahrhaftiger, **wie lange** richtest du nicht und rächst nicht unser Blut an denen, die auf der Erde wohnen?

Im vorigen Kapitel haben wir uns mit Bedeckungen befasst, Bedeckungen der Welt und Bedeckungen des Himmels. Wir sahen auch, dass Bedeckungen, abhängig von ihrer Art, eine bestimmte Sicherheit bieten. Ein jeder von uns sucht in seinem Leben eine solche Sicherheit. Wo aber finden wir diese Sicherheit?

Das Eigenschaftswort „sicher" kommt aus dem Lateinischen „securus", was „sorglos", auch „unbekümmert" bedeutet. Im obigen Schriftabschnitt ist von „sicheren", „sorglosen" Frauen die Rede. Das hebräische Wort für Geist oder Wind (ruach) ist weiblich. Diese Frauen stehen für einen antichristlichen Geist, einen Geist des Stolzes oder der Sorglosigkeit, der die Frauen in (falscher) Sicherheit wiegt. Die Äcker an dieser Stelle symbolisieren die Systeme oder Organisationen der Welt, welche diesen stolzen und sorglosen Menschen die für das Leben in dieser Welt so wichtigen Sicherheiten bieten. In Vers 11 werden sie, und damit auch wir alle, aufgefordert, die Lenden zu gürten. Wir sollen uns bereit machen, aufbrechen und aus diesen vermeintlichen Sicherheiten herauskommen.

In Vers 11 lesen wir auch, dass diese stolzen Frauen erschrecken und erzittern. Sie sollen sich entblößen und ihre Lenden gürten. Sie werden aufgefordert, ihre falschen Sicherheiten abzulegen und sich auf den Aufbruch vorzubereiten. Kurz gesagt: Sie sollen aus diesen falschen Sicherheiten herauskommen. Seit jeher stehen die Systeme oder Organisationen der Welt für Sicherheit. Es gibt sogar ein ganz spezifisches System mit dem Namen „Versicherungen". Aber nicht nur dieses System, sondern alle Systeme insgesamt haben es verstanden, uns in einer falschen Sicherheit zu wiegen. Denn wo sonst könnten wir sicherer oder überhaupt sicher sein? Auf was sonst könnten wir uns in Bezug auf unser alltägliches Leben, ja, unser Leben schlechthin verlassen?

Ich möchte an dieser Stelle noch etwas über diese Systeme sagen, damit das, worum es mir eigentlich geht, nicht falsch verstanden wird. Lesen wir dazu das 1. Gebot:

1 Und Gott redete alle diese Worte und sprach:

2 Ich bin der HERR, dein Gott, der ich dich aus dem Land Ägypten, aus dem Sklavenhaus, herausgeführt habe.

3 Du sollst keine andern Götter haben **neben (vor) mir**.

4 Du sollst dir kein Götterbild machen, auch keinerlei Abbild dessen, was oben im Himmel oder was unten auf der Erde oder was in den Wassern unter der Erde ist.

5 Du sollst dich vor ihnen nicht niederwerfen und ihnen nicht dienen.

„Neben (vor) mir" in Vers 3 heißt im Hebräischen „al-pani", was wörtlich „vor meinem Gesicht" oder „auf mein Gesicht (gesetzt)" bedeutet.

Wenn jemand ein Bildnis aus Holz, Stein oder anderem Material fertigt und diesem selbstgemachten Bild die Eigenschaften des Geistes Gottes zuschreibt, dann hat er Gott damit sozusagen etwas „auf Sein Gesicht gesetzt". Vorsicht! Gott ist der einzig wahre Elohim! Setze Ihm nichts auf Sein Gesicht. Mache kein Bildnis, das du Ihm dann wie eine Maske vor oder auf das Gesicht setzt. Denn wenn wir Gott „ein Gesicht aufsetzen", öffnen wir uns unumwunden dem Götzendienst. Wir schauen dann nämlich zu dem von uns gemachten Holz oder zum Stein auf und erwarten von diesem Holz oder Stein, dass es oder er in unser Leben eingreift und uns gibt, was wir nötig haben oder wonach es uns verlangt: Erfolg, Gesundheit, Versorgung, Freude und vieles andere mehr.

Und genau aus diesem Grund haben sich die Menschen früherer Zeiten zweckdienliche Götter gemacht – Götter des Wohlstands, der Fruchtbarkeit, der Stärke, des Krieges und viele andere. Und zu ihnen haben sie aufgeschaut. Aber indem wir uns um Hilfe oder Versorgung an bestimmte selbstgemachte Götter, „Dinge" oder „Wesen" wenden, setzen wir Gott ein tierisches, menschliches oder dingliches „Gesicht" (eine Maske) auf.

Unser Elohim möchte auf keinen Fall, dass wir Ihm entsprechend unseren Vorlieben und Wünschen eine Maske aufsetzen und dabei vorgeben, **Ihn** anzubeten, während wir doch in Wirklichkeit unser Vertrauen auf dies und das und jenes setzen. Heutzutage ist das Problem nun weniger ein „Ding", ein Bildnis aus Holz oder derlei. Heute liegt das Problem eher darin, dass wir **unser Vertrauen** auf die Flecken des Panthers setzen (Jeremia 13,23).

Denken wir einmal zurück an das Kapitel über die Tierreiche (Babylon, Medo-Persien, Griechenland, Rom). Der Panther ist Griechenland und seine Flecken stehen für die Systeme oder Organisationen, Systeme wie Medizin, Kunst, Philosophie, Erziehungswesen, Militär, Politik, Sport, Musik usw. Nach dem Untergang Griechenlands haben die Römer sämtliche Systeme übernommen, die vorhandenen weiterentwickelt und verbessert und zusätzlich noch neue erfunden. Das nennt man Fortschritt. Als dann das Römische Reich unterging, wurden diese Systeme über die ganze Welt ausgebreitet und haben die gesamte Menschheit unter ihren Einfluss und ihre Kontrolle gebracht. Mittlerweile ist der Mensch daran gewöhnt, sich im Blick auf jedes seiner Bedürfnisse an diese Organisationen oder Systeme zu wenden, denn er, der Mensch, wurde regelrecht von ihnen einverleibt. Setzen wir **unser ganzes Vertrauen** aber auf diese Organisationen, werden sie zu einem Gott vor (oder auf) Gottes, Elohims Gesicht (al-pani). Und zu wem oder was schauen wir dann auf (Psalm 121,1–2)?

Können wir die Systeme denn überhaupt in Anspruch nehmen? Auf jeden Fall! Nur unser Vertrauen sollten wir **nicht** auf sie setzen.

Wir alle befinden uns immer noch **in** Babylon. Das goldene Haupt Babylons ist noch immer mit dem gesamten Bild verbunden: Babylons goldenes Haupt, Medo-Persiens silberne Brust, Griechenlands Leib (Bauch) aus Bronze, Roms Beine aus Eisen und jene Organisationen, die mit allen Menschen (Ton) vermischt sind, stehen auf der Erde.

Wenn König Messias, der Stein, diese Füße, diese Organisationen der Welt zerschlägt, wird das ganze Bild einschließlich Babylon in sich zusammenfallen. Dann wird Babylon ein zweites und letztes Mal fallen.

Ich frage noch einmal: Können wir die Systeme in Anspruch nehmen? Können wir einen Arzt aufsuchen? Können wir ein Buch schreiben oder Bilder malen? Sport treiben? Unser Land militärisch verteidigen? Eine Ausbildung machen? Ganz bestimmt! Wir sind **in** Babylon. Aber wir sind nicht **von** Babylon: „Komm heraus aus ihr, mein Volk!" Aus der Welt als solche können wir nicht herauskommen. Jene eisernen Beine und ihre mit Eisen und Ton vermischten Füße sind überall. Der springende Punkt aber ist: **Hab nicht an ihren Sünden teil.** Und worum geht es bei ihren Sünden?

Offenbarung 18,4 (Stern)

Dann hörte ich eine andere Stimme aus dem Himmel sagen: *„Mein Volk, komm heraus aus ihr! – Damit du nicht teilhast an ihren Sünden, damit du nicht angesteckt wirst von ihren Plagen, …"*

Wir befinden uns auf dieser Erde und unser Tun und Lassen ist untrennbar mit diesen Systemen oder Organisationen verknüpft. Es gibt keinen Weg daran vorbei. Von ihrer **Sündhaftigkeit** aber können und müssen wir uns distanzieren. Die Systeme werden allesamt von König Messias Jeschua zerstört werden. Es ist wohl wahr, dass die Systeme die Bedürfnisse vieler, vieler (ja, aller) Menschen decken. Sie sind aber nur etwas Geschaffenes, sie sind **nicht** Elohim, unser Gott. Sie sind weder allmächtig noch bieten sie eine permanente Sicherheit. Und vor allem sind sie nicht ewig.

Wenn jene Systeme sündhafte Macht und Einfluss, ja, manipulative Kontrolle über den Menschen ausüben – vor allem, wenn der Mensch es genau so auch will, damit er seinen eigenen Vorteil und Nutzen daraus ziehen kann –, dann werden solche Systeme zu einem Gesicht, das Gott, bildlich gesprochen, aufgesetzt wird. Es liegt also in unserer Verantwortung. Wir dürfen es nicht zulassen, dass diese „Dinge" (diese Systeme) unser **Vertrauen auf**

Gott als dem Herrn der Heerscharen (der Armeen), dem Heiler, dem Versorger, dem Schöpfer und allem anderen, was Er in Seiner Schöpfung für uns ist, ersetzen.

5. Mose 4,35

Du hast es zu sehen bekommen, damit du erkennst, daß der HERR der (alleinige) Gott ist. **Außer ihm gibt es sonst keinen.**

Ist Er für uns der alleinige Gott? Ist das unsere Wirklichkeit?

Kommen wir zurück zu den stolzen Frauen, die sich in den Organisationen absolut sicher fühlen – vielleicht zu sicher. Denn plötzlich klagen sie um ihre lieblichen Äcker und ihre fruchtbaren Weinstöcke. Der Acker Seines Volkes ist dahin, er bringt keine Frucht mehr. Es wachsen dort jetzt nämlich Dornen und Hecken.

Prediger 7,6-7

6 Denn wie das Prasseln der Dornen unter dem Kochtopf, so das Lachen des Toren. Auch das ist Nichtigkeit.

7 Ja, unrechter Gewinn macht den Weisen zum Toren, und das Bestechungsgeschenk richtet das Herz zugrunde.

Wie hatten sie sich doch auf diese Fruchtbarkeit der Weinstöcke und Äcker verlassen! Diese Fruchtbarkeit wog sie in absoluter Sicherheit. Sie waren sehr stolz darauf. Dieser stolze, sorglose und arrogante antichristliche Geist fühlt sich total sicher in all den (scheinbar noch) florierenden Systemen. Was könnte ihm denn da schon passieren?

Und doch werden die Frauen hier vor einer Zeit gewarnt, die sie erzittern lassen wird, die sie aus ihrer Komfortzone herausreißen wird.

In Vers 12 und 13 von Jesaja 32 heißt es:

12 An die Brust schlägt man sich ... Warum? ... wegen der prächtigen Fluren, wegen des fruchtbaren Weinstocks,

13 wegen des Ackerlandes meines Volkes, das im Gestrüpp (und) Dornen aufgeht, ja, wegen aller Häuser voller Freude in der ausgelassenen Stadt. Mit der ausgelassenen Stadt ist Jerusalem gemeint.

An dieser Stelle haben jene Frauen noch nicht begriffen, was es heißt, Buße zu tun. Man ist nur entsetzt über die Katastrophe, wo doch diese Katastrophe sie zur Buße leiten könnte und auch sollte. Denn nach Gottes Wort müssen „alle Dinge" dienen, und zwar zum Guten.

Dieses Wort aus Vers 12 erinnert an die Könige, die über den Untergang Babylons klagen und weinen, wobei sie nicht einmal im Entferntesten an Buße denken, sondern nur an sich selbst und an das, was sie alles erreicht hatten, jetzt aber verloren haben. An dieser Stelle ist mit Babylon die Welt gemeint. Bei den oben erwähnten Frauen geht es um das Volk Gottes, das völlig mit der Welt vermischt, ja, eins geworden ist, und um Jerusalem. Das Gericht fängt an beim Haus Gottes. Und weil Gott sein Volk liebt, warnt Er es auf jede mögliche Art und Weise.

Warnung

Das erinnert mich an Ninive. Nicht einmal das Volk der Assyrer, ein so absolut barbarisches, ja, teuflisches Volk, will Gott ohne Vorwarnung vernichten. Im Falle Ninives war die Warnung (erst einmal) erfolgreich. Das gesamte Volk der Stadt samt dem König und sogar der Tiere (!) hat Buße getan.

Jona sollte Ninive den Untergang predigen. Das gefiel ihm aber gar nicht und so floh er vor Gott und Seinem Auftrag. Es fällt mir überhaupt nicht schwer, die Flucht eines Jona nachzuvollziehen. Er sollte in die Höhle des Löwen gehen, zu den Assyrern, einem extrem barbarischen Volk. Wie sollte er, Jona, mit solch bösen Menschen umgehen? Ich bin mir sicher, dass selbst ein Prophet Gottes wie Jona an diesem Punkt völlig eingeschüchtert war. Denn er kannte dieses Volk, es hatte die Herrschaft über die ganze damalige Welt, nachdem es alle Völker regelrecht unterjocht hatte. Ninive war eine Weltstadt, die Hauptstadt Assyriens.

Assyrien war nach dem Propheten Micha das Land Nimrods. Nimrod war ein ruchloser Menschenjäger, der mordete, um Land in Besitz zu nehmen. Die Assyrer haben diesen „Mantel" Nimrods nie abgelegt. Wie schon gesagt, waren sie grausame und äußerst barbarische Kämpfer. Sie enthaupteten ihre Feinde und legten deren Köpfe zur Zählung zu Füßen der Schreiber. Es wurde über alle abgeschlagenen Köpfe genau Buch geführt. Rebellen und andere Oberhäupter der Feinde wurden oftmals bei lebendigem Leibe gehäutet und die Haut wurde für alle sichtbar auf die Stadtmauer gehängt. Besiegten Feinden wurden oftmals die Gliedmaßen abgeschlagen und dann öffentlich zur Schau gestellt. Einem besiegten König wurden die Augen ausgestochen. Dem Volk Gottes sollte damit Angst eingejagt werden, um es unterwürfig zu machen.

Es fällt mir sehr schwer, diese Gräueltaten hier aufzulisten. Die Assyrer waren es beileibe nicht wert, Befreiung oder Gnade zu erfahren. Und doch sagte Gott zu Jona: *Mache dich auf, geh nach Ninive, der großen Stadt, und verkündige gegen sie! Denn ihre Bosheit ist vor mich aufgestiegen. Aber Jona machte sich auf, um nach Tarsis zu fliehen, ...* (Jona 1,2–3a).

Der Gedanke, in die Höhle des Löwen gehen zu müssen, jagte ihm Angst ein. Diesen gewalttätigen Nachkommen Nimrods begegnen zu müssen, erschreckte ihn derart, dass er sich auf dem Absatz umdrehte und in die Gegenrichtung floh. **Er** würde ihnen **nicht** predigen. Punkt. Ich kann ihn so gut verstehen. Und diese Geschichte lässt mich zu Gott schreien für alle Kämpfer Israels, die ins Feindesland gehen müssen, um einem so barbarischen Feind die Stirn zu bieten. Möge Gott in diesem Kampf gegen das Böse mit ihnen sein und sie vor dem Feind verbergen und bewahren.

Über eines bin ich mir aber ganz sicher: Ihre Bosheit, die Bosheit der Feinde Israels, ist vor Gott aufgestiegen! Und Gott weiß, dass dieser jetzige (2024) Feind Israels niemals Buße tun wird. Dieser Feind hat nur eines im Sinn: die Vernichtung Israels. Doch Gott wird **ihn** vernichten!

Da wir über die Assyrer gesprochen haben, möchte ich im Folgenden erklärend etwas über Esau sagen.

Maleachi 1,1-3

1 Dies ist die Last, die der HERR ankündigt für Israel durch Maleachi.

2 Ich habe euch lieb, spricht der HERR. Ich aber sprach: „Woran sehen wir, dass du uns lieb hast?" Ist nicht Esau Jakobs Bruder?, spricht der HERR; und doch hab ich Jakob lieb

3 und hasse Esau und habe sein Gebirge öde gemacht und sein Erbe den Schakalen zur Wüste.

Ich glaube, es geht hier nicht um Liebe oder Hass im Sinne einer starken Emotion der Seele. Es geht vielmehr um eine Entscheidung, einen Entschluss, um das Treffen der „richtigen" (Aus)wahl. Wenn Gott, wenn unser Elohim uns ein Gebot vorlegt, sagt er uns immer auch dazu, wie wir es ausführen können oder sollen. Aber die Verantwortung, es dann auch auszuführen, liegt bei uns.

Kain und Abel z. B. wussten über die Anbetung an den Festen Bescheid. Abel brachte zur rechten Zeit (an Sukkot) ein Opfer von den Erstlingen seiner Herde. Kain brachte ebenfalls ein Opfer, aber nicht von den Erstlingen. Er hatte sich entschieden, die Erstlinge für sich zu behalten. Er hatte sich entschieden, das Gebot auszuführen, führte es aber nicht entsprechend den Vorgaben Gottes aus. Wir haben die Freiheit, uns für das eine oder das andere zu entscheiden. Wir haben immer die Wahl. Wir sollten uns aber für das entscheiden, das (aus)wählen, was unser Schöpfer für uns erwählt hat.

Esau ist ein gutes Beispiel dafür, dass man die falsche Wahl treffen kann. Esau, Edom, der Rote versinnbildlicht auch die ungezähmte Seele mit ihrem Verlangen, ihren Gefühlen und ihrem Denken. Die Seele ist eine von Gott geschaffene Lebenskraft, über die der Geist des Menschen herrschen sollte. Gott hasst (im Sinne von starken Gefühlen) die Seele nicht. Ganz im Gegenteil. Er liebt uns so sehr, dass er Seinen Sohn sandte, um unsere Seele zu erretten. Der Geist des Menschen kommt von Gott selbst, und Gott möchte, dass dieser Ruach über die Seele herrscht.

Was bedeutet es nun, erwählt zu sein? „Erwählt" (oder ausgewählt) kann auch bedeuten, dass jemand vorgezogen wird. D. h. aber nicht, dass man den anderen, den man nicht erwählt hat, hasst. Weil wir Hass nur mit einer starken Emotion verbinden, verstehen wir nicht, was Liebe zu dem Ausgewählten bedeutet. Sie bedeutet in diesem Zusammenhang Bevorzugung, Vorrang, Rangordnung im Hinblick auf viele verschiedene Angelegenheiten, so dass „gehasst werden" in diesem Zusammenhang einfach nur bedeutet, „rangmäßig unter dem anderen" zu stehen.

Unsere Erfahrung von Verstand, Wille und Gefühl ist ein Spiegel der Seele Gottes, wobei Gottes Seele im Unterschied zu der unseren fehlerfrei, d. h. perfekt ist. Wenn wir Liebe und Hass lediglich als starke Gefühle sehen, erkennen wir möglicherweise nicht, dass Gott uns lehren will, die richtige Wahl zu treffen – eine Wahl nämlich, die auf dem basiert, was <u>Gott</u> „bevorzugt". D. h., Gott überlässt es uns nicht, zu entscheiden (oder auszuwählen), welche Gebote wir befolgen oder wie wir sie befolgen.

Wir finden in der Schrift eine Reihe von Beispielen, wo sich Menschen abgelehnt und damit ungeliebt gefühlt haben, worauf sie in negativer und überaus tadelnswerter Weise reagiert haben. Abel wurde deswegen von Kain getötet. Joseph wurde aus Eifersucht von seinen Brüdern in die Knechtschaft verkauft. König Saul trachtete David nach dem Leben. Das ist auch unsere Geschichte. Wenn Gott diejenigen bevorzugt, die Seinen Willen tun und nicht in erster Linie um sich selbst besorgt sind, können wir das möglicherweise nicht verstehen, wie auch Kain das nicht verstanden hat. Kain wusste genau, was zu tun war, damit sein Opfer von Gott angenommen werden würde. Er hätte sich nur für das entscheiden müssen, was Elohim wünschte. Esau kämpfte mit aller Kraft um die Liebe seines irdischen Vaters, für seinen himmlischen Vater aber hatte er nicht genug Liebe, was er dadurch zum Ausdruck brachte, dass er nicht dem Willen Gottes entsprechend handelte. Jakob hingegen war gehorsam. Und in genau diesem Sinne liebte der Vater Jakob und hasste er Esau. Liebe und Hass können also auch im Sinne von Bevorzugung oder Auswahl gemeint sein und sind nicht in jedem Fall gleichbedeutend mit einer starken Emotion.

Was will ich mit diesem kleinen Exkurs sagen? Ich möchte damit klarstellen, dass Israel erwählt ist. Gott liebt Israel. Esau ist nicht erwählt, weil er nicht gehorsam war, nicht gehorsam ist und auch niemals gehorsam sein wird. Esau ist eifersüchtig auf Jakob. Er lehnt bewusst Gottes Erwählung und damit Gottes Plan ab und möchte seinen Bruder Jakob töten. Punkt. Es geht ihm weder um das Land noch um sonst irgendetwas. Er will Jakob einfach nur tot sehen, aus Eifersucht. Und von diesem seinem eigenen Plan wird er niemals ablassen. Er wird niemals Buße tun oder seinen Plan, Jakob zu töten, aufgeben.

Gott weiß, dass Esau niemals Buße tun und auch niemals mit seinen Freveln an seinem Bruder Jakob aufhören wird. Und deshalb kommt Gottes Strafgericht über Esau, so wie wir das im Buch Obadja 8–14 lesen:

> 8 Was gilt's?, spricht der HERR, ich will zur selben Zeit die Weisen in Edom zunichtemachen und die Klugheit auf dem Gebirge Esau.
>
> 9 Auch deine Starken, Teman, sollen verzagen, auf das alle auf dem Gebirge Esau ausgerottet werden durch Morden. (Krieg)
>
> 10 Um des Frevels willen, an deinem Bruder Jakob begangen, sollst du zuschanden werden und für immer ausgerottet sein.

11 Zu der Zeit, als du dabeistandest und sahst, wie Fremde sein Heer gefangen wegführten und Ausländer zu seinen Toren einzogen und über Jerusalem das Los warfen, da warst auch du wie einer von ihnen.

12 Du sollst nicht mehr herabsehen auf deinen Bruder zur Zeit seines Elends und sollst dich nicht freuen über die Söhne Juda zur Zeit ihres Jammers und sollst mit deinem Mund nicht so stolz reden zur Zeit ihrer Angst.

13 Du sollst nicht zum Tor meines Volks einziehen zur Zeit seines Jammers; du sollst nicht herabsehen auf sein Unglück zur Zeit seines Jammers; du sollst nicht nach seinem Gut greifen zur Zeit seines Jammers.

14 Du sollst nicht stehen an den Fluchtwegen, um seine Entronnenen zu morden; du sollst seine Übriggebliebenen nicht verraten zur Zeit der Angst.

Die Schrift macht ganz klar, wie Esaus Geschichte ausgehen wird, denn Esau wird niemals Buße tun.

An dieser Stelle möchte ich ganz kurz darauf eingehen, was Buße ist. Das Konzept der Buße finden wir in 2. Mose 21,34. Das Konzept ist: Ersatz leisten, erstatten, zurückgeben.

Hebräisch für Buße ist „teschuwa". Die Wurzel von „teschuwa" ist „schuw", was „geben", „zurückgeben" oder „umkehren" bedeutet. Geben bedeutet im hebräischen Denken zurückgeben. Wir geben nicht, um zu empfangen. Wir geben (zurück), weil wir es von Gott, dem Geber, empfangen haben, und weil es uns von Anfang an nicht gehört hat.

Worum geht es bei „teschuwa"?

Buße heißt nicht in erster Linie, dass du der Sünde den Rücken zukehrst. Das wäre der falsche Fokus. Buße ist eine bewusste **Hinwendung** zu Gott und zu Seinen Wegen. Dabei ist Buße eine Art Prozess, ein Weg, für den wir uns immer wieder neu entscheiden müssen. Im ersten Schritt auf diesem Weg macht dir dein Gewissen durch dein Gefühl bewusst, dass du gescheitert bist. Danach bewirkt diese neue Offenbarung, dass du auf deinem Weg, dem Weg, den du gerade gehst, anhältst, dich umwendest und eine neue Richtung einschlägst. Buße heißt also, dass du auf <u>deinem</u> Weg nicht weitergehst, sondern Halt machst und umkehrst in Richtung auf oder zu Gott hin. Buße heißt, sich zum König hinzuwenden. Wenn du dich also dem Herrn zuwendest, dem Herrn den Weg bereitest, dann kehrst du um zum König. Und in dem Augenblick, wo du umkehrst, erfährst du Wiederherstellung. Buße schließt Fasten und Beten ein. Wir beten mit Inbrunst, d. h., wir flehen, dass der Vater die Ketten sprengt, mit denen uns der Feind möglicherweise noch gefangen hält.

Ein Beispiel, was Buße bewirkt, sahen wir an Ninive. Durch Buße hatte Ninive die Möglichkeit, ihr „Schicksal" zu wenden. Ninive tat Buße. Selbst die Bösesten werden verschont, wenn sie Buße tun. Ein anderes gutes Beispiel für Buße finden wir in Hiskia, der den Tempel und das Land von Götzen reinigte und Jerusalem durch Buße und durch absolute Hinwendung zu Gott vor den Assyrern bewahrte. Und solch eine Umkehr und absolute Hinwendung zu Gott ist die Voraussetzung für eine Ausgießung des Geistes Gottes. Nicht umsonst heißt es in Vers 15 von Jesaja 32: *so lange, bis über uns ausgegossen wird der Geist aus der Höhe.* Das ist das Ziel der Buße, die Ausgießung des Geistes.

Wir haben schon gesehen, dass Esau niemals Buße tun und deshalb auch nicht vor dem Gericht Gottes verschont bleiben wird. An König Hiskia sehen wir, was Buße bewirken kann. Sein Vater Ahas hatte das Land zu krassem Götzendienst verführt und dadurch völlig zugrunde gerichtet. Er ist sogar Allianzen mit dem Feind eingegangen. Sein Sohn und Thronfolger Hiskia weigerte sich, dem Feind weiterhin Tribut zu zahlen. Er ließ den Tempel und das ganze Land von allen Götzen reinigen und rettete dadurch Jerusalem und das Land vor den scheinbar allmächtigen Assyrern. Ein Sanherib musste abziehen und wurde, zurück in Ninive, von seinen eigenen Söhnen ermordet.

Buße schlägt den Feind und setzt den Geist Gottes zur Ausgießung frei.

Und damit möchte ich dieses Kapitel abschließen. Ich möchte uns alle zur Buße aufrufen. Beten wir, dass der Herr einem jeden von uns offenbart, wo wir noch andere Götter **neben (vor) IHM** – neben unserem Elohim – haben. Tun wir Buße, wo wir Elohim noch ein Gesicht (eine Maske) aufgesetzt haben oder noch aufsetzen; tun wir Buße, wo wir unser **Vertrauen** noch in „anderes" gesetzt haben oder noch setzen, wo wir unsere Sicherheit nicht bei Gott gesucht haben oder in bestimmten unser Leben betreffenden Angelegenheiten nicht Ihn suchen, sondern uns noch an falsche Sicherheiten klammern. Denn nur Gott allein ist unsere wahre Sicherheit. Nachdem wir eingehend Buße getan haben, bitten wir Ihn, ja, flehen wir zu Ihm, dass Er Seinen Geist über uns ausgießt.

Lasst uns nicht voll süßen Weins sein, sondern erfüllt werden mit dem Heiligen Geist.

Epilog

34 Hütet euch aber, dass eure Herzen nicht beschwert werden mit Fressen und Saufen und mit täglichen Sorgen und dieser Tag nicht plötzlich über euch komme wie ein Fallstrick;

35 denn er wird über alle kommen, die auf der ganzen Erde wohnen.

36 So seid allezeit wach und betet, dass ihr stark werdet, zu entfliehen, diesem allen, was geschehen soll, und zu stehen vor dem Menschensohn.

1. Petrus 5,7

Alle eure Sorge werft auf ihn; denn er sorgt für euch.

2. Timotheus 2,4-5

4 Wer in den Krieg zieht, verwickelt sich nicht in Geschäfte des täglichen Lebens, damit er dem gefalle, der ihn angeworben hat.

5 Und **wenn jemand auch kämpft, wird er doch nicht gekrönt, er kämpfe denn recht.**

Zum Schluss der Ausführungen über die Systeme und wie wir aus ihnen herauskommen können, möchte ich aufzeigen, was dieses Herauskommen voraussetzt, wie wir stark werden können, um zu entfliehen. Denn wir dürfen nicht vergessen, dass diese Systeme, dieses Wesen der Welt, vergeht. Wir brauchen diese Welt zwar noch, wir gebrauchen sie aber auf eine Art und Weise, als brauchten wir sie nicht. Und das hat mit Glauben, mit Vertrauen zu tun.

In dieser Zeit, wo wir uns auf den Exodus vorbereiten, um allem, was geschehen soll, zu entfliehen, sollten wir ein Leben führen, das mit einem unbeschwerten Herzen auf sein Kommen wartet. Die Frage ist: Wie können wir stark werden zu entfliehen? Paulus erklärt Timotheus, was nötig ist, um in den Krieg zu ziehen. Dabei macht er unmissverständlich klar: Wer in den Krieg zieht, verwickelt sich nicht in Geschäfte des alltäglichen Lebens, sondern er kämpft „recht". Was bedeutet das? Im alltäglichen Leben gibt es viele Dinge, die das Herz beschweren können, so dass derjenige mit einem beschwerten Herzen außer Gefecht gesetzt ist. Um aber wieder aufstehen, kämpfen und entfliehen zu können, hilft nur eines: alle Sorge auf IHN werfen. Denn wir können nur **recht** kämpfen, wenn unser Herz weder beschwert noch geteilt ist. Unser Herz von allem „Ballast" zu befreien, uns aus allen Verwicklungen in die Geschäfte des alltäglichen Lebens herauszunehmen, ist der erste Schritt.

1. Korinther 7,29-34

29 Das sage ich aber, liebe Brüder: **Die Zeit ist kurz. Fortan sollen auch die, die Frauen haben, sein, als hätten sie keine; und die weinen, als weinten sie nicht;**

30 **und die sich freuen, als freuten sie sich nicht; und die kaufen, als behielten sie es nicht;**

31 **und die diese Welt gebrauchen, als brauchten sie sie nicht. Denn das Wesen dieser Welt vergeht.**

32 Ich möchte aber, dass ihr ohne Sorge seid. Wer ledig ist, der sorgt sich um die Sache des Herrn, wie er dem Herrn gefalle;

33 wer aber verheiratet ist, der sorgt sich um die Dinge der Welt, wie er der Frau gefalle, und so ist er geteilten Herzens.

34 Und die Frau, die keinen Mann hat, und die Jungfrau sorgen sich um die Sache des Herrn, dass sie heilig seien am Leib und auch am Geist; aber die verheiratete Frau sorgt sich um die Dinge der Welt, wie sie dem Mann gefalle.

1. Korinther 7,29–34 zeigt auf, was es mit einem geteilten Herzen auf sich hat: Es „sorgt sich um die Dinge der Welt ...“ Unsere „Sorge“ sollte aber eine ganz andere sein. Wir sollten uns darum sorgen, dass wir heilig am Leib und auch am Geist sind, damit wir stets und ungehindert dem Herrn dienen können und Er geehrt wird. Was ist unsere Sorge? Sorgen wir uns darum, heilig zu sein an Leib und Geist, oder sorgen wir uns um die Dinge der Welt? In dem obigen Schriftabschnitt geht es bei den Dingen der Welt um Beziehungen, um Trauer und Freude (dem Befinden der Seele), um Kaufen und Behalten (ganz legitime Lebensnotwendigkeiten). Diese Dinge jedoch, obwohl ganz legitim, können unser Herz beschweren und es sogar teilen, <u>wenn</u> sie im Fokus stehen. Kaufen wir z. B. nur, um zu besitzen? Viele halten am Besitz fest und sind darauf aus, noch mehr zu kaufen, um noch mehr zu besitzen. Sie beuten das Wirtschafts- und Finanzsystem regelrecht aus. Solch ein Herz ist ganz offensichtlich ein geteiltes Herz, weil es die Dinge der Welt im Fokus hat und nicht die Heiligung. Dennoch ist die Sorge um die Dinge der Welt zunächst einmal eine berechtigte Sorge. Sie ist aber nur so lange berechtigt, wie das Herz dabei nicht geteilt ist. Beziehungen sind wichtig und richtig, Trauer ist wichtig und richtig, Freude ist wichtig und richtig, auch Kaufen-Können ist wichtig und richtig. Wenn all das aber im Fokus steht, stoppt oder verhindert es den Prozess der Heiligung.

Ich war völlig in einen Streit verwickelt und glaubte mich auch völlig im Recht, habe dabei aber vom Baum der Erkenntnis des Guten und Bösen gegessen. Völlig falsche Entscheidung! Mein Herz war an diesem Punkt nicht nur geteilt, sondern es war voll und ganz auf der falschen Seite, am falschen Baum.

Es lag ein Mann am Teich Bethesda, der schon 38 Jahre lang krank war. Er wartete dort auf den Engel, der das Wasser bewegen würde, damit er dann sofort hineinsteigen und geheilt werden konnte. Da er aber nicht in der Lage war zu gehen, stieg immer ein anderer vor ihm hinein. Sein Hauptproblem war aber nicht, dass er lahm war, sein eigentliches Problem war, dass er das Wasser im Fokus hatte. Sein Augenmerk war voll und ganz auf das Wasser gerichtet. Er schaute auf das Wie seiner Heilung, nicht auf das Wer. Damit hatte er ein geteiltes Herz. Der Herr muss uns die Augen öffnen und uns zeigen, wo wir noch wie der Lahme am Teich Bethesda mit einem Auge auf das vermeintlich heilende Wasser und mit dem anderen Auge auf Jeschua schauen, mit einem Auge auf das Medizin- oder Gesundheitssystem und alles, was dazugehört und was es uns bietet, und mit dem anderen auf Jeschua, unseren wahren Heiler. Wenn es um die Lehre geht, sehe ich alles ganz klar und deutlich, wie aber soll ich das Erkannte umsetzen?

Bei alledem geht es um meinen Glauben, um mein Vertrauen. Vertraue ich wie der Lahme am Teich auf das Wasser, auf das Mittel zur Heilung? Was habe ich in meinem Fokus? In all den Dingen des täglichen Lebens gilt es zu lernen, von den Dingen, Situationen, Umständen, den Sorgen um etwas wegzusehen und auf Jeschua zu schauen. Sehen wir weg von dem Wasser und hin auf Jeschua. **Er** ist der Anfänger und Vollender unseres Glaubens. Was heißt das? Er ist uns das Vorbild des Vertrauens. Er vertraute dem Vater bis zum Tod. Er war bereit zu sterben. Auch ein Abraham opferte seinen Isaak im Vertrauen. Er vertraute nämlich darauf, dass Gott, wie auch immer, Sein Versprechen halten würde.

Hör an dieser Stelle einfach einmal auf zu lesen und denk über das oben Gesagte nach. Was könnte es bedeuten, wenn du etwas aufgibst, wenn du loslässt, wenn du wegsiehst vom Wasser und hinschaust auf Jeschua?

Mit Seiner Hilfe können wir wegsehen von all diesen „Dingen" und sie überwinden. Mit Seiner Hilfe können wir treu sein und nicht essen vom Baum der Erkenntnis, denn dieser Baum trägt zweierlei Früchte und ist damit schon in sich selbst gespalten. Zwei verschiedene Früchte zu tragen ist für einen Baum, wo doch ein jeglicher nach seiner Art erschaffen wurde, recht untypisch. Das hätte Eva beim näheren Hinsehen erkennen müssen. Sie hätte sehen müssen, dass hier ein Baum stand, der zweierlei Früchte trug. Aber die Tatsache, dass sie überhaupt in die Nähe dieses Baumes gegangen ist, hatte ihr die klare Sicht vernebelt, so dass sie nicht mehr klar sehen konnte und dem Wort der Schlange Glauben schenkte.

In der Offenbarung heißt es immer wieder: „Wer überwindet ..." Überwinden heißt treu sein und die echte und einzige Frucht vom echten, wahren Baum, einem Baum nach seiner eigenen Art mit nur einer einzigen echten Frucht, zu essen und sich nicht verführen lassen.

Wie können wir überwinden? Indem wir stark im Glauben werden. Denn ... *unser Glaube ist der Sieg, der die Welt (mit all ihren Systemen) überwunden hat* (1. Johannes 5,4). Wie überwinden wir? Durch Glauben oder besser gesagt durch Vertrauen. Der Lahme hatte das Wasser im Fokus, er vertraute auf das Wasser. Das war sein System, durch das er Heilung erfahren wollte oder würde. Darauf vertraute er. Doch die Krankheit, unter der er litt, machte es ihm unmöglich, nach den Vorgaben dieses Systems zu handeln. Er konnte die Bedingungen, die dieses System von ihm verlangte, damit es für ihn funktionieren würde, nicht erfüllen.

Alle Systeme sind vielversprechend, aber halten sie auch, <u>was</u> sie versprechen? Ein Gesundheitssystem z. B. verspricht Heilung oder Besserung. Es gaukelt dir vieles aber nur vor. Es wirkt wie ein Schnuller auf ein Baby, beruhigend und einschläfernd. Aber hilft es auch tatsächlich?

Der Psalmist fragt in Psalm 121: ... *Woher kommt* **mir** *Hilfe? Und er gibt sich selbst die Antwort:* **Meine** *Hilfe kommt vom HERRN, der Himmel und Erde gemacht hat.*

Deshalb lasst nun auch uns jede Bürde und die uns so leicht umstrickende Sünde **ablegen** und mit Ausdauer **laufen** den vor uns liegenden Wettlauf, indem wir **hinschauen auf Jeschua**, den Anfänger und Vollender des Glaubens. Lasst uns **IHN betrachten**, damit wir nicht ermüden und in unseren Seelen ermatten.